Grow up with Kids

张建明 著

与天使共成长

当代小学教育创新的实践与思考

暨南大學出版社
JINAN UNIVERSITY PRESS

中国·广州

图书在版编目（CIP）数据

与天使共成长：当代小学教育创新的实践与思考/张建明著．
广州：暨南大学出版社，2012.2
ISBN 978－7－5668－0152－4

Ⅰ．①与…　Ⅱ．①张…　Ⅲ．①小学教育—文集　Ⅳ．①G62－53

中国版本图书馆 CIP 数据核字（2012）第 046528 号

出版发行：暨南大学出版社

地　址：中国广州暨南大学
电　话：总编室（8620）85221601
营销部（8620）85225284　85228291　85228292（邮购）
传　真：（8620）85221583（办公室）　85223774（营销部）
邮　编：510630
网　址：http：//www.jnupress.com　http：//press.jnu.edu.cn

排　版：广州市天河星辰文化发展部照排中心
印　刷：佛山市浩文彩色印刷有限公司

开　本：787mm×960mm　1/16
印　张：11.25
字　数：150 千
版　次：2012 年 2 月第 1 版
印　次：2012 年 2 月第 1 次

定　价：28.00 元

作者简介

张建明，女，1969 年出生，中共党员，中学高级教师，1988 年毕业于佳木斯教育学院中等师范专业，后在哈尔滨师范大学进修学习，本科学历，汉语言文学学士，现为黑龙江省佳木斯市云环小学校长。

从事基础教育工作 24 年，从班主任、学年组长、教务主任、副校长、校长的岗位上一路走来。把教育作为自己的毕生追求和实现人生价值的沃土，把“学高为师、身正为范”作为激励自己成长和发展的座右铭。秉承学校优良的办学传统，大力弘扬“云环精神”，注重学校的内涵发展和文化建设，全力打造一个“特色校园”、“人文校园”、“书香校园”和“和谐校园”。2006 年和 2009 年两次被选派参加教育部“全国小学校长高级研修班”，连续四年被黑龙江省教育厅聘为职称评审专家兼组长，发表论文多篇。荣获黑龙江省师德师风先进个人、黑龙江省最佳教师、黑龙江省骨干教师、佳木斯市“十佳”明星校长、佳木斯市课程改革优秀校长、佳木斯市党风廉政建设先进个人、佳木斯市优秀教育工作者、佳木斯市优秀共产党员、佳木斯市“巾帼建功”标兵等几十项荣誉称号。

序

“九层之台，起于垒土”。小学教育是整个教育事业的基础。小学教育是儿童接受学校教育的开端，是儿童发展最易接受影响的时期，是儿童向少年过渡、从不成熟到逐步成熟的身心发展关键时期。这一时期的教育在人的一生中起着重要的作用。

“养正于蒙”、“蒙以养正”。小学教育是培养小学生良好的学习、行为习惯最重要的时期，为学生身心健康发展奠定基础。这个时期的小学生好奇心、记忆力、模仿力强，对任何问题都要问个为什么，对感兴趣的事物能够牢记在心。因此，养成好的习惯，可以牢固地保持一辈子。在小学阶段，不仅要让学生学到知识，发展智力，还要在学习上对他们进行严格训练，在思想品质上有严格的要求，养成良好的学习习惯和行为习惯，基础打得好，会影响到学生以后的学习与成长。

邓小平同志讲过：“现在小学一年级的娃娃，经过十几年的学校教育，将成为开创二十一世纪大业的主力军。”面对正在成长的小学生，作为教育者，不能仅仅一般的了解学生的年龄特征和个性特征，还要具体地掌握儿童在小学阶段的身心发展过程，针对每一个具体的儿童和其身心在不同阶段的特点，做细致的教育工作，要把学校教育与家庭教育、社会教育紧密地结合，为祖国的未来造就全面发展的一代新人。

张建明同志是佳木斯市云环小学的校长，从事小学教育工作多年，这本著作凝聚了她对小学教育的理论思考和实践创新，也凝聚了云环小学的教师对小学教育的认识、理解、体会与感悟，饱含着他们对小学教育事业的热爱和对学生的真挚情感。

希望云环小学以此书的出版为契机，继续深入探索小学教育的规律，针对新时期小学生的认知、心理、成长要求，抓好小学教育，提高教育质量，培养学生良好的学习习惯和行为习惯，全面促进学生身心健康发展，办好云环小学，为佳木斯市教育事业的发展作出新的贡献！

佳木斯市教育局党委书记、局长

二〇一二年初

前 言

时光即将驶入2012年，自己在教育战线上也已经奋斗了24个春秋。从稚气未脱、一身青涩踏入校门的那一天，面对着那一双双天真无邪的眼睛时，我心里就暗下决心：今生注定要与教育为伍，与孩子相伴一生。回头想想，从教这些年，我悟出教育的真谛了吗？我们的教育究竟为孩子带来了什么？

记得印第安人有这样一句格言，意思是说当我们走得太快时，要停下脚步，等等我们的灵魂。因此，我也想静下心来，很想为自己捋清思路，反思自己从一名普普通通的教师一步步成长为校长的奋斗历程，反思对教育的理解和办学的感悟，同时也为今后的发展理清思路，明确前进的方向。

说起当初走上教育之路，不得不提到我的母校——我目前工作的学校——云环小学。它的前身是佳木斯市纺织印染厂子弟小学（简称“佳纺小学”），隶属于一个规模庞大的国有企业——佳木斯市纺织印染厂。这所企业有职工上万人，内部各功能部门一应俱全。它下设子弟小学和子弟中学，学校创办于1947年。两所学校规模都很大，各有上千人。在这两所学校，我度过了快乐的学习时光。学校里那些朴朴实实的老师不仅教我知识，更教会我很多做人的道理，王淑华、肖玉环、庞春艳等恩师更是以她们无私的爱让我们享受到学习和成长的快乐。从小我就对教师这个职业充满了向往，常常和妹妹玩扮老师上课的游戏。因此，在初三毕业报考时，在父母的支持下，我义无反顾地报考了佳木斯教育学院的中等师范专业，最终以优异的成绩被录取。

进入师范学校后，我深深地被系统的专业课程所吸引，被老师渊博的知识所折服，如饥似渴地学习各类课程。曾记得课堂上的精彩辩论、自习课上的专心苦读；曾记得球场上的意气风发、文艺会演中的青春飞扬……四年丰富多彩的学习生活让我完成了知识储备和情感储备，带着对教育事业的无限憧憬，带着对母校的无限深情，我放弃了留在市内小学任教的机会，投入了母校的怀抱，准备为母校尽我的一份力量，为实现我的教育理想而奋斗。

来到佳纺小学，当时学校领导对我这个土生土长的"佳纺人"非常器重，让我接了四年二班。我把全部的爱都献给了孩子们，同他们一起欢笑、一同成长。我积极投入到"三算结合"和"注音识字、提前读写"等教学实验中来，得到了单元春校长、王士鲁主任、曲化春主任和李元芳主任等领导的悉心指导，我虚心学习、认真钻研，成长进步很快，刚参加工作仅两个多月，就在全市的数学教学研讨会上作了一节《小数减法》公开课，得到了很多专家的好评，这也开启了我投身教学改革实验的奋斗征程。此后的二十多年中，我先后在国家、省、市级各类的教学观摩和研讨课上做了几十节公开课，学校和各级领导也给了我至高无上的荣誉：全国"三算教学"先进工作者、黑龙江省最佳教师、黑龙江省骨干教师、佳木斯市优秀教师、佳木斯市教学能手等，荣誉的背后也记录着自己付出的辛勤劳动和领导同事们的帮助与支持。在这前行的路上，我充满了对教育、对学生、对母校的深深热爱和一腔真情，从没有过任何退缩！

云环小学给了我成长和发展的广阔空间。本着对教育的热爱、对云环小学的热爱，我始终坚持不懈，辛勤地耕耘在这片沃土上，一步步从班主任、学年组长、教务主任、副校长的岗位上一路走来。无论在哪个岗位上，我都是兢兢业业、尽职尽责，取得了突出业绩。2005年1月，我参加了全市首批中小学校长的公开竞聘，通过笔试、面试、组织考察等环节荣获第一名，同年3月10日佳木斯市教育局正式任命我为佳木斯市云环小学校长。从此，我带领着可爱的老师们，带领着这样一所历史悠久、底蕴深厚的学校，走上了崭新的发展征程。

前　言

云环小学有着六十多年的办学历史，培养了很多优秀人才，新华社记者——邵云环同志就是其中的杰出代表。就在这所学校，邵云环度过了快乐的六年小学时光。她学习勤奋、品行优秀，是学校少先队的大队长。正是小学阶段打下的坚实基础，才铸就了她日后维护世界和平、伸张正义的壮举。1999 年 5 月 8 日，以美国为首的北约悍然发动导弹袭击，邵云环壮烈牺牲。佳木斯市市政府为纪念邵云环烈士，将佳纺小学更名为云环小学。

作为这样一所以烈士名字命名的小学，学校承载着更多的教育内涵。这个命名就寄予着一种希望，即要让云环精神在我校发扬光大、传承弘扬。因而，在全面了解学校历史发展的基础上，我们秉承学校优良的办学传统，遵循着“崇德、笃学、求真、创新”的校训，以“培育具有民族精神的中国人”为培养目标，以“以德育人、广学博知、以美塑人、全面发展”为办学宗旨。在弘扬云环精神的实践基础上，明确提出了“主打云环特色品牌，促进学校科学发展”的办学思路，使这所内涵厚重的学校焕发出勃勃生机。

作为云环人，能把我们对教育的理解、对实施云环教育的感悟写出来，将是一件很有意义的事情！它可能会肤浅、会稚嫩，却是我和我的团队的真实感受！

仅以此书，感谢在前行的路上，所有给予我、我的团队、我的学校以真诚扶持、真诚帮助和真诚相待的领导们、恩师们和朋友们！

作者

2011 年底

目 录

序 /1

前 言 /1

第一辑：办学定位的思考——内涵、特色、文化 /1

一、教育理念的定位：教育理念是学校正确办学的方向 /1

二、办学理念的定位：办学理念是学校持续发展的灵魂 /7

三、发展规划的定位：发展规划是学校长远发展的蓝图 /8

四、学校文化的定位：学校文化是学校内涵发展的体现 /15

第二辑：管理角色的思考——思想和引领 /18

一、时代的要求：校长应成为教育家 /18

二、多重的角色：新时期校长角色的转变 /20

三、努力的方向：做一个有魅力的“99 型”校长 /25

第三辑：“人”的管理——教师第一 /29

一、管理——从沟通开始 /29

二、和谐——从激励开始 /31

三、信任——从授权开始 /33

四、发展——从教师开始 /34

第四辑：“质”的追求——教学质量是学校发展的生命线 /41
一、强化常态教学——抓好关键三关 /41
二、夯实校本培训——深化“研训一体”模式 /47
三、注重教育科研——开展“问题式”课题研究 /51

第五辑：“德”的强化——育人为本 /54
一、突出主题德育——云环教育 /54
二、强化基础德育——养成教育 /58
三、创新活动德育——综合实践活动 /61
四、实施教学德育——学科教学渗透 /62
五、拓宽德育渠道——践行“三结合”教育 /64

第六辑：深入学习的思考——他山之石，可以攻玉 /67
一、北京之行——教育理念的革命 /67
二、上海之行——办学视野的开拓 /86
三、台湾之行——传统文化的传承 /91
四、韩国之行——真正全民的教育 /96

附录：云环教师们的思考——实践的升华，心灵的感悟 /101
一、教师素养：师德如水 /101
二、师生之间：聆听花开的声音 /116
三、成功课堂：教学是一门艺术 /141

参考文献 /166

后 记 /167

第一辑：办学定位的思考

——内涵、特色、文化

一、教育理念的定位：教育理念是学校正确办学的方向

（一）教书育人与育人教书

教育改革的命题在我国已经提出很多年了，但是目前我国教育，尤其是基础教育的现状却令人担忧。这使得我们教育一线的工作者不得不时时反躬自问：什么是教育？教育的真谛是什么？

根据书本上的解释，教育是培养新生一代准备从事社会生活的整个过程，也是人类社会生产经验得以继承发扬的关键环节，主要指学校对适龄儿童、少年、青年进行培养的过程。广义上讲，凡是能增进人们知识和技能、影响人们思想品德的活动，都是教育。狭义上讲，主要指学校教育，其含义是教育者根据一定社会的要求，有目的、有计划、有组织地对受教育者的身心施加影响，把他们培养成为一定社会所需要的人的活动。

从狭义的学校教育来看，培养的过程不应该仅仅是传授知识，更要教会学生做人，培养学生高尚的品德修养和健全的意志人格，能适应未来社会发展的需求。简言之，教育就是教书育人。从字面上理解是先教书后育人，那么到底是教书重要还是育人更重要？我想，所有人的答案都会是育人更重要。我们都在强调以人为本、以学生为本，而现实的情况是，部分学校的主要任务除了教书还是教

书，除了分数还是分数，除了升学率还是升学率。学生首先面对的是要学会考试，学会应试技巧，有些教育者只以学生的成绩为本，学生的全面发展被分数替代！一些人更多地在纠结教学的技巧、教学的方法，而恰恰忽视了教育最重要的环节，那就是学生的身心健康发展。虽然国家大力推行素质教育，禁止搞应试教育，可现实似乎是越禁止越严重，从小学到初中再到高中，分数成了唯一的评价标准。看看吧，双休日和假期里，奔走于各个补习班的学生和家长们；中考高考之后，悬挂在各个学校鲜红醒目的宣传红条幅；家长择校时热衷议论的各校升学率；每到开学时各校开展的生源大战；幼儿园里的“小学化”等，可谓是“全民上下重分数”。这些现象的产生绝非偶然，社会上有关升学的竞争、考试的压力、家长的期望和学校的考核等都使人们对分数的追求达到了极致。前阶段引起广泛热议的“绿领巾”和“红校服”事件，更是暴露了部分学校只追求分数而忽视育人的教育弊端。目前不少学校还实行“圈养教育”，只因为怕出事故而把学生圈起来，大大违背了教育的真正宗旨。这种“重教书轻育人”的教育现象已使一些问题凸显出来，学生道德意识下滑，对国家、对社会、对家庭、对自己缺乏责任感，心理问题日渐突出，心智不成熟，学生的整体素质亟待提高等，已经将教育推到了“风口浪尖”，迫使我们基础教育工作者重新审视教育的最终目的，拷问我们的教育应如何育人。

联合国教科文组织提出，21 世纪教育的四大支柱是学会求知、学会做事、学会与人相处、学会生存。四大支柱首先提到的是求知，后三点都是关于如何做人。在学校里，传授知识是教育的首要功能，古人云“传道、授业、解惑”，但绝不是唯一的功能。我认为，目前很多学校重“教”轻“育”，育人的内容大打折扣，这与学生的成长规律和社会的期望是不相符的。如果忽视育人，那我们的教育就是不完整的教育。有人会反驳说，现在学校教育很重视育人，进行的很多活动和思想品德课不都是在育人吗？作为战斗在我国基础教育第一线的工作者，我不得不承认这样一个事实，目前中小学的思想品德课基本处于附属地位，而学校举行的一些活动也大多是为了完成上级布置的任务的应景之作。那么，我们来思考这样几个问题：

现在的教育是完全屈从于现实还是想办法改变现实？学校为学生能从容地走向社会做了什么？帮助他们做了什么准备？或者说学校培养了学生哪些优良品质和适应能力？有哪些问题是学校教育的缺失造成的？这看起来是一些浅近的问题，实际上体现的是整个教育的问题，也是教育家们一直在不懈努力，追求教育科学发展的方向问题。

教育应该教学生学会做人、学会生活，具备积极健康的心理承受能力，能从容应对社会发展过程中各种变化和挑战。传统意义上的“教书育人”强调的是先教书后育人，在新的教育发展形势下，应该提出“育人教书”，先育人，再教书。

伟大的教育家陶行知曾说过，教育是千教万教，教人求真；千学万学，学做真人。这一至理名言道出了教育的真谛。教育必须是“人”的教育，是“目中有人”和“心中有生”的教育，必须把学生看成一个个鲜活的生命个体，培养的是品德高尚、人格健全的人。让学生在教育中感受到一种尊重、一种平等、一种幸福、一种快乐；学校要营造一种氛围、一种文化、一种气息。教育从来就不是轰轰烈烈的，而应该让学生在这种氛围中潜移默化地受到影响，教会学生去求真、向善、唯美，培养学生良好的心智品质和道德品质。

学校教育应该树立一种大教育观，可以做到活动育人、课程育人、环境育人、家庭育人和社会育人。学校的一切教育活动和教育手段都要从学生实际情况出发，爱国主义教育、民族精神教育、人格教育、诚信教育、健康教育等，不是简简单单地说教，不能生硬地灌输，应是在潜移默化中进行的，开展一些真正能够走进学生内心深处、拨动学生的心弦、唤起情感共鸣的活动，尊重学生的切身感受和体会。还可以用丰富多彩的课程设置和环境设计，让学生在生动活泼的课堂教学中和潜移默化的语情环境中感受到“润物细无声”的育人效果。这需要教育者的深入研究和不断摸索，更需要的是一分执著和一分信心，要经得起时间和环境的考验。教师也应是健康发展的。试想，如果教师不能以一颗健康积极的心去实施教育，学生又怎么会有健康阳光的教育人生呢？

从事教育事业还需要全社会的支持与理解，让社会的大环境来体现育人的重要性。特别是家长的教育观念要改变，不要让家长只关注孩子的分数，更应该注重孩子意志品质和行为习惯的培养，关注孩子在成长过程中的情感体验、价值认识和心理变化，感受到成长的乐趣。近期，引起热议的“虎妈”和“狼爸”，引发的是人们对家庭教育的广泛关注。吹捧支持的人，暴露的是部分家长只追求分数、忽视孩子成长幸福的育儿观，在我看来，他们完全剥夺了孩子正常成长的权利，完全是在扼杀孩子的精神生命，这种观念是与教育宗旨相违背的。

教育的核心目的是育人。教育是为了促进人的发展，培养高素质的人才，教育应该承担这样的社会功能，这才是教育的真正内涵。所以，教书重要，育人更重要！因为培养一个具有高度的民族情感、坚强的意志品质、健康的心理素质、积极的价值取向和良好的行为习惯，具有一定社会适应能力和社会责任感的人，对我们的国家、民族、社会、家庭、学校和个人都是最重要的！

（二）“教育是一种生活”

在我们很多教育者看来，教育就是一种目的、一种手段，是为实现教育者某种想法而实施的一种行为，单纯地为教育而教育。北京师范大学的向蓓莉博士也说过，教育是一种生活`。我有多年的基础教育经历，听到这样的观点有种顿悟之感：是的，我们的孩子在学校接受教育就是应该让我们的教育理念和育人意图像空气一样无形地伴随孩子们每天的生活中，就应该让孩子享受一种高品质的、愉快的、充满无限回忆与向往的生活。我们教育者应创设一种轻松愉悦的教育氛围，从课程的设置、活动的开展等方面让学生成为学习的主人。这就督促我们教育者要时刻把握住教育要生活化、隐形化的原则，在潜移默化中传递教育者的教育理念，以求教育效果达到最难。

美国教育家杜威曾说：“教育应当是生活本身，而不是生活的准备。”在杜威看来，教育并不是强制儿童静坐听讲和闭门读书，而是生活、成长和经验的改造。生活和经验是教育的灵魂，离开生活和经验就没有成长，也就没有教育。可见，教育与生活是不可分离的。

教育的过程就是不断更新与丰富生活经验的过程，就是不断获得进一步生活能力的过程。只有在生活中，人的个性才能得到自由而真实的表现，也才能谈得上经验的不断改造，因而教育即生活。

教育本身就是生活，是一种蓬勃向上、锲而不舍的生活，只有让师生过上健康、完整的生活，教育才是健康的、智慧的、富有生命活力的。教育必须确保受教育的个体生命获得充分的成长，在这个意义上，教育又不是简单的生活，而是一种特殊的教育生活。教育就是生活的方式，是行动的方式。教育应该让所有受教育的人能过上一种幸福完整的生活。这种教育生活，又不能等同于学校教育生活，如在家庭里父母和子女的沟通，在职业生涯中每个人的学习，都可以视为教育的生活。所以，我们理解的教育生活，应该是全人与全程的。

教育应该是幸福的。既然教育是努力去促进每一个人过一种幸福完整的生活，它本身就应该是幸福的。孔子说过，学而时习之，不亦说乎！教育应该给人幸福，因为它本身就是充满乐趣的。只有在愉悦的情景中，教育才能取得良好的效果。教师应该是幸福的，是一种职业的幸福。在竞争越来越激烈的今天，教师的精神压力大。作为校长不要让教师把工作当成生活的全部，要为教师减压，让教师享受到这份职业的幸福。语文名师于漪曾说，工作着是幸福的，学习着是幸福的，教师是有着“双重幸福”的人，一边教学，一边学习，其乐无穷。学生也应是幸福的，让我们的学生在受教育的过程中体会到学习的幸福和成长的幸福，在学习和成长的过程中感受到这是一种过程的幸福。但如果仅仅强调幸福，则很容易让大家过分重视情感的体验，甚至会误认为是感官的享受。尤其是在当下的教育中，我们的教育是单向度的，是畸形的，是片面的，是唯分数的教育，其中最大的问题是缺乏做人的教育，缺乏德行的教育。人应该是完整的，包括自己个性的完整性，让人成为一个完整的自己，这才是教育的最高境界。

对于这一观点，朱永新说：“强调过一种幸福完整的教育生活，不仅仅有对教育终极意义的思考和追求，还有对当下某些教育问题的担忧和不满。我们遗憾地看到，许多地方的教育，已经使孩子失去童年，他们的学习充满了失败。很多孩子已经失去了凝望世界的明眸，失去了追求理想的激情和冲动，失去了尝试成功的勇气和感恩的情怀。我们不禁要问，如果我们的孩子和老师们没有幸福和快乐可言，这样的教育还有必要吗?”所以，教育应该是让学生首先学会生活，认识到学习只是生活的一部分，每个人都要成为一个完整的人，这样的教育才是成功的教育。

我想，让学生在学校教育中得到一种生活的享受，一种成长的快乐，一种对生命的尊重，这才是教育的最终目的。

（三）教育是一种服务

以往，教育者留给学生和家长更多的是要求和执行，学生是在被动地接受教育。

目前的课堂上，老师的“一言堂”和“满堂灌”还占相当大的比例，相当多的教师只是按自己的教案设计来组织教学，再把书本上的知识传授给学生，对学生情感、态度、价值观的关注和培养可能只会在公开课上见到。所谓的以学生为主体的实质是教师在主宰课堂，而忽视学生的真正感受。

在学校组织的活动中，无论是隆重热烈的大型活动，还是规模不大的集体活动，大部分都是由学校和老师策划与组织实施的，学生只是学校活动中的一枚棋子，真正由学生自主组织、自主进行的活动少之又少。很多学校没有考虑到学生在活动中受到的是什么教育，活动的真正意义是什么。这样的结果就是活动结束后，学生既没有留下深刻的印象，也没有在活动中得到锻炼，这当然会使活动的教育效果大打折扣。

在对家长的态度上，名义上是让家校共同办学，但家长体现得最多的只是一种“监督”作用。虽然有的学校会经常组织家长参加学校的一些活动，也会成立家长委员会和家长代表会，邀请家长代表参加学校的各种会议和活动，但实际上家长只是学校活动中的一个角色而已，其作用微乎其微。学校只是按照自己的理念来办学，不会或很少考虑到学生和家长的感受。我们的教育所体现的是一种“目中无人”的教育，是整齐划一的教育。如果管理者和教育者还是拿出一副高高在上和盛气凌人的态度，没有真正地树立为学生、为家长的服务意识，那么家长和学生的选择就是离开他们所在的学校。对于这一点，我们必须有清醒的认识。

服务首先体现的是一种思想。在现在的教育环境背景下，教育者最需要树立这样一种观念：教育就是一种服务。随着市场经济和社会的发展，教育不再是居高临下和高高在上的，而是平等与尊重。

服务体现的是一种理念。“以人为本”是让学生真正成为教育的主人，从办学理念的确立、发展规划的制定到教学活动的设计，都要从学生的角度出发，尊重学生的年龄特点，关注学生的切身感受和情感体验。要真正从学生家长的意愿出发，切实提高家长在学校教育中的地位和作用。我想，如果做到了这些，我们才能体现真正的服务意识和服务理念。

服务体现的是一种管理，体现的是真正促进教师的专业成长和发展。校长要真正尊重、理解教师，一切规章制度和管理体制的出台必须从教师的实际情况出发，尊重教师，这样会使教师感到自己真正成为学校的主人，更加激发起工作的热情与激情。不要以为这样做会使你的权威受到影响。事实上，你的服务意识会获得最佳的管理效果。

教育者只有树立正确的教育理念，才能准确把握办学方向，体现教育的真正宗旨。

二、办学理念的定位：办学理念是学校持续发展的灵魂

每一所学校都有自己的办学理念。所谓办学理念，就是学校的教育理想和教育信念，是全校师生共同的教育观念、思想认识及价值追求，是学校自主建构起来的教育哲学。

办学理念的提出不是靠校长个人头脑一热的灵感爆发，而是需要管理者全面了解社会的发展形势及时代要求、全面了解学校的发展历史和整体情况、全面了解学校所在地域的背景情况、全面了解学校师生的整体状况、发掘出凝聚师生的学校精神动力等诸多因素，从而理清学校的发展脉络，并在此基础上由校长及领导班子成员共

同提出来，通过全体师生的充分认同，形成全校师生的共同价值理念，再经过专家们的合理论证，最后高度提炼为学校的办学理念。

我所在的云环小学是一所有特殊的地理位置和发展的学校，具有一定的代表性，是佳木斯教育发展的缩影。学校始建于1947年，前身是佳木斯市纺织厂子弟小学，曾经有过辉煌的历史，为佳木斯西部地区的基础教育提供了保障。后来，因企业破产，教育投入不足、职工外流，学生家庭生活困难，社区和家庭教育缺失等因素制约学校的发展。直到学校被命名为云环小学并被市教育局接收，才为学校带来了新的发展机遇。基于学校的历史现状和实际情况，经过全校师生充分论证和认识的高度统一，学校的办学理念定位在“以德立人，广学博知；以美塑人，全面发展”上。

这一办学理念的提出是有着大的社会背景的，其时，国家提出了“以德治国”，德是中华民族传统文化的深刻体现。试想，如果一个国家、一个民族、一个时代忽视了“德”的培养，缺失的将是灵魂。所以，在新的教育发展环境中，学校教育首先要注重培养品德高尚的人，“德”应是我们教育的核心。“美”的追求是我们传统的教育观念。它不应简单地指我们所开设的音乐课、美术课等层面上，而应上升到学校大的教育方针和办学理念上，让“美”成为学校的价值追求。“以美塑人”，培养具有心灵美、行为美、语言美等内外兼美、全面发展的学生。在学校教育中，美是一种思想，一种理念，一种价值，让师生时时处处去追求美、感受美和体会美，感受到教育的美，最终促进师生健康、和谐、幸福、全面地发展。

办学理念是学校办学个性的深刻体现，它就像一面特色鲜明的旗帜，引领着学校向个性化、特色化发展。对于办学理念，我们要坚定不移地去执行和体现，不能总是更改或成为口号，因为它是我们办学的灵魂。

三、发展规划的定位：发展规划是学校长远发展的蓝图

学校发展规划是在学校确定办学理念以后，由学校进行整体设计、长远规划的一种目标设定。它能够帮助学校实事求是地制定目

标，明确措施，找准重点；能够有效地推进管理，促进师生共同成长，从而实现学校的持续发展。

学校发展规划的制定要通过全体成员的共同努力，系统地分析学校的原有基础，认同学校的办学思想，形成共同的价值追求，否则，发展规划的制定就失去了重要的思想基础和理念支撑。在发展规划的制定上，我们可以借鉴企业战略分析方法——SWOT 分析法对学校进行全面分析（SWOT 分别代表：Strengths 优势、Weaknesses 劣势、Opportunities 机遇、Threats 挑战），用这种方法能客观分析学校的优势、不足、机遇和挑战，可以用坐标图形象地展示出来：

S 优势	W 劣势
O 机遇	T 挑战

S	
W	
O	
T	

图 1－1　SWOT 分析图

对于云环小学，用 SWOT 分析法的分析情况如下：

优势：

（1）学校有着 65 年悠久的办学历史，有丰富的教学经验，形成了优良的办学传统。

（2）学校正处于最好的发展时期。作为邵云环烈士的母校，有着得天独厚的教育资源。

（3）隶属于市教育局直接领导，有着行政指导和业务指导上的优势。

（4）学校是佳木斯市西部地区规模最大的小学。近年来，学校得到了飞速发展，取得了可喜的办学成果，赢得了较高的社会声誉。

（5）教师队伍整体素质较高，有一定的提升空间。

劣势：

（1）办学条件不能适应教育发展需要。

（2）学校地处城乡结合部，家庭结构不够稳定，家庭教育欠缺，留守儿童和单亲子女所占比例较大。

（3）受地域等因素影响，优质生源有所流失。

机遇：

（1）在佳木斯市西部，学校办学规模和教育质量都有很高声誉，有很大的发展空间。

（2）将在学校内改建一所公办幼儿园，做好幼小衔接，将给学校带来更大的发展机遇。

挑战：

（1）找准学校的最近发展区，实现持续发展。

（2）将云环教育的德育体系扩展，形成更完备的教育体系，深化云环特色。

在全面深入、客观分析的基础上，学校制定了三年发展规划。学校的发展愿景是全面贯彻党的教育方针，全面实施素质教育，以科学发展观为统领，坚持教育创新，积极深化“云环教育”，牢固树立“以德立人，广学博知；以美塑人，全面发展”的办学理念，遵循“依法治校、以德立校、科研兴校、质量强校”的办学宗旨，把学校建设成为注重内涵、特色鲜明、质量一流，师生健康成长、实现和谐发展的精神乐园。学校发展方向是主打云环特色品牌，促进学校科学发展。学校发展总目标是高质量、严管理、有特色。

学校发展规划的制定是学校办学中的重要方面，它能正确地指明学校的发展方向，会科学地规划学校的发展前景，能清晰地理清学校的发展思路，从而绘就学校发展的宏伟蓝图。

附：

佳木斯市云环小学三年发展规划

（2011—2013年）

一、学校发展优势

（1）地理优势：云环小学地处佳木斯市友谊路西段，占地面积近30 000平方米，校舍建筑面积12 000平方米，校园绿化面积

5 000 平方米，是佳市西部地区办学规模最大的学校。随着市政府西迁和市政府加大对西城区的建设，为云环小学提供了一个良好的发展契机。

(2) 办学优势：学校办学历史悠久，已有六十多年的办学历史和优良的办学传统，形成了“崇德、笃学、求真、创新”的校训，“敬业、爱生、博学、创新”的教风和“勤学、善思、求异、进取”的学风。学校办学条件良好、教学设施一流、校园整洁明净、环境清新幽雅、育人氛围浓厚。教师学历全部达标。学校先后荣获全国小学生英语竞赛先进集体、省爱国主义教育基地、省精神文明单位、省级小学语文教研中心、省少先队红旗大队、市党风廉政建设先进集体、市师德师风先进单位、市课程改革先进集体、市教育科研先进单位、市三育人先进单位、市“菊花杯”团体竞赛一等奖等百余项光荣称号。

(3) 特色优势：人民的好记者、佳木斯的好女儿——邵云环烈士成长在我校，是无数中华儿女学习的楷模，为学校德育提供了深刻的教材。在邵云环烈士身上表现出来的求真爱国、进取拼搏、敬业奉献、尊老爱幼、诚信无私的品质，是中华民族传统美德的集中体现，我们在深入学习邵云环事迹的同时，升华提炼出了邵云环的六种精神：

对祖国、对人民的热爱与赤诚；
对科学、对知识的探索与追求；
对人生、对未来的珍惜与执著；
对师长、对同学的尊重与关爱；
对劳动、对价值的认识与理解；
对法制、对道德的自遵与自律。

学校已形成了以爱国主义教育为核心，以“云环系列教育”和“养成教育”为两大主线的德育特色体系。

二、学校发展方向及总目标

以创建教育高端中心为指引，以促进学生的全面发展为根本，积极深化“和谐教育”和“云环教育”，牢固树立“以德立人，广学博知；以美塑人，全面发展”的办学理念，全面贯彻党的教育方针，全面落实科学发展观，全面实施素质教育，坚持教育创新，努力提高教育质量，把学校建设成为以云环教育为特色，师生健康成长、和谐发展的省内知名的现代化学校。

学校发展总方向：主打云环特色品牌，促进学校科学发展。

学校发展总目标：管理规范、质量一流、特色鲜明。

三、具体发展目标及相关措施

（一）教师队伍建设

(1) 切实加强学校领导班子建设。建设一支政治坚定、素质过硬、团结务实、廉洁高效、群众满意，具有开拓和创新精神的专家型的发展型领导班子，具有高度的凝聚力、向心力和战斗力。班子成员民主测评满意率达90%以上。

(2) 加强学校后备干部培养。有计划地培养和选拔思想素质好、业务水平高、管理能力强的中青年教师担任学校中层领导，以形成充满活力的领导集体。后备干部培养率达20%。

(3) 加强师德师风建设，提高教师的整体素质。打造一支爱岗敬业、师德高尚、业务精良、充满活力、各具特色的研究型教师群体，树立良好的教风、学风、校风。师德师风合格率为100%，学生满意率达95%以上，家长满意率达80%。

(4) 充分发挥学校党组织的战斗堡垒作用和教代会、工会的民主参政议政及监督职能，全面实施政务、校务、财务公开。学校重大事宜必须经教代会讨论通过，方可实施。每年召开一次教职工代表大会。校务公开达100%。

(5) 有计划地培养国家、省、市各级学科带头人，大力开展校本培训和校本教研，不断提高教师的综合素养，省级骨干教师达10%，云环名师达到20%，市级骨干教师达50%以上。鼓励部分优秀教师达到硕士学历。

（二）教育教学管理

(1) 全面贯彻党的教育方针，严格执行国家颁布的课程计划，实施新课程标准，落实学校的工作计划和教学计划，开齐课程、开足课时。

(2) 全面提高教育教学质量。按照《义务教育法》及其实施细则的规定，保证适龄儿童入学率达100%，巩固率达100%，毕业升学率达100%。

(3) 加强学校常规管理，完善制度建设。加强教研组建设，坚持集体研讨和个体钻研相结合的方式，提高备课质量。全面提高常态课的教学质量，坚持以学生为主体，以教师为主导的双主体活动，注重学生综合素质的提高。

(4) 教师能熟练运用现代化教学手段，要具有高超的教育智慧和精湛的教学艺术，具有很强的沟通能力。

(5) 继续完善新课程管理机制，深入实施新课程改革，不断更新教师的教育教学理念，改革教学实践。充分挖掘教育资源，积极开发校本课程，扩充课程内涵和空间，构建有本校特色、促进学生全面发展的课程体系。

(6) 进一步深化云环德育特色，提高德育工作的针对性、实效性和创新性，全面实行“教育育人、管理育人、服务育人”，进一步完善科学的评价机制和评价体系，促进学生的健康成长和全面发展，培养学生的高尚品质和健全人格。

(7) 提升班主任的综合素质。培养班级管理科学规范、善于与学生沟通、交流，能走进学生心灵，讲求爱的艺术，适应教育发展的研究型班主任队伍。

(8) 加强德育网络系统建设。进一步加强学校、家庭、社会三位一体的德育网络系统建设，完善家长培训工作，通过家长学校、家长委员会、家长会等渠道加强对学校工作的监督，建立学校与家长有效的沟通机制，加强与社区的交流，不断拓宽教育渠道，形成教育合力。

(9) 关注学生身心健康，牢固树立“健康第一”的指导思想。重视心理健康教育，保证学生每天1小时的“阳光体育运动”，每学期积极举办各种体育竞赛和文艺展演，学校每年召开一次艺术节、体育节、英语节、读书节和科技节，全面促进学生身心健康发展。

（三）教育科研工作

(1) 以全面实施素质教育为主题，以推进新课程改革为重点，全面实施课题牵动战略，将科研、教研和培训有机融合，把科研成果应用到教育教学实践中，促进教师的专业发展。

(2) 坚持理论联系实践的原则，创造性地开展教育科研工作，强化科研组织建设，健全科研工作机制，为学校的长久发展提供正确方向和科学决策，为教师的专业发展提供良好的研究氛围和有力的理论支撑。

(3) 在市科研部门的指导下开展一批前瞻性、针对性和实效性强的国家级、省级、市级课题研究，做好市“十二五”重点课题的研究，确保教师人人有教科研课题。

(4) 继续创新教师研培方式，坚持“以点带面、研训一体”的校本教研模式，创设浓厚的教研氛围，坚持“名师示范课、骨干展示课、新秀汇报课、常规推门课”的四课制度。形成以校本教研为支撑、以校本培训为手段、以教师专业提升为目标的教师专业成长的长效机制。

（四）学校管理

继续探索科学、规范、高效的管理机制，深化服务意识，激发教师的内在动力，保持高昂的工作热情与激情。

(1) 继续加强制度建设，完善学校的管理体系，实行精细化管理和科学化管理，做到依法治校、依法治教。

(2) 健全资产管理制度、核算制度、资产评估制度和财务管理制度，做到账物统一，实行财务公开，接受上级财政和审计部门监督。

(3) 构建校园安全保障体系，严格执行校园安全管理制度和各项岗位职责，全面落实安全工作责任制和事故责任追究制度。严格日常安全管理，做到每日巡查，及时发现和消除安全隐患，避免发生责任事故，预防食物中毒，确保安全责任事故率为零。

(4) 认真开展丰富多彩的安全法制教育活动，安全教育进课堂教学率达100%，培养学生的自救意识和自救能力，建设一个文明、和谐、平安的校园。

（五）校园文化建设

建设健康向上的精神文化、学习文化、环境文化和校园文化。

(1) 发扬学校优良的校风、教风和学风，注重学校的内涵建设。

(2) 大力进行校园文化建设，合理配置教育资源，优化教育环境，努力建设信息化、花园式的现代化校园。

(3) 不断创新语情环境建设，做到让每一面墙壁说话，让校园的一草一木和一墙一角，都成为教育学生的主阵地，形成有云环特色的校园文化。

(4) 争创国家级文明单位。

四、学校文化的定位：学校文化是学校内涵发展的体现

文化是当下热议的话题。《辞海》中对文化的定义是："从广义上来说，指人类社会实践过程中所创造的物质财富和精神财富的总和；从狭义上来说，是指社会的意识形态以及与之相适应的制度和组织结构。"城市文化、企业文化、地域文化等都体现了人们对文化的理解和追求。在新的教育发展形势下，学校文化的建设也成为学校发展的热门话题。

现代学校的办学过程就是学校文化的形成过程，是学校特色建设的软实力，是学校品牌发展的核心力，是历史沉淀下来的宝贵精神资源。它的核心是学校共同的价值观念、价值判断和价值取向。它产生于学校自身，是全校师生在共同的学习工作中凝聚、沉淀的一种价值追求，是学校深层次发展的内在体现。

我想，学校的发展背景各不相同，但学校文化最终体现的定是以人为本的核心理念。它包括精神文化、制度文化、教师文化、课程文化、学生文化等。

精神文化是学校文化的核心，是学校发展历史过程中沉淀下来的一种精神，凝聚着学校的精、气、神，是全校师生的灵魂。为纪念邵云环烈士，1999 年 6 月佳纺小学被佳木斯市政府命名为云环小学。这个命名就寄予着一种希望、一种传承。从原来的企业办校到成为烈士的母校，六十五年的发展历史，已经形成了一种坚忍不拔、

激流勇进的学校精神。在此基础上，全校师生追忆邵云环走过的学习成长之路，深入挖掘云环精神，将其细化为六个方面：对祖国、对人民的热爱与赤诚；对科学、对知识的探索与追求；对人生、对未来的珍惜与执著；对师长、对同学的尊重与关爱；对劳动、对价值的认识与理解；对法制、对道德的自遵与自律。云环精神已涵盖了学校文化建设的精神实质，在“崇德、笃学、求真、创新”的校训指引下，成为全校师生的精神力量。所以，学校精神是精神文化的本质所在。

制度文化是学校文化的动力保障。制度是维系学校秩序，规范办学行为，规范学校师生言行举止的有力保障。学校要通过建章立制来实现依法治校，努力实现以“法治”代替“人治”，使管理更加科学和规范。在制度文化的建设中，要体现以人为本的核心理念，要建立在充分的尊重、理解、促进、发展的基础上，经过师生的高度认可和广泛信任，成为一种约定俗成的内在制约。任何一种制度和机制的完善，都是为了促进学校健康、持续和科学发展的；都是为了促进教师的专业成长和专业发展的；都是以促进学生健康发展、快乐成长为目的的，而不是成为学校和师生发展的束缚与障碍。我校各项制度和机制的不断完善，得到了教师们的充分论证、修正和完善，成为全校师生的行为准则。学校已完成《依法治校，科学管理》的制度汇编，其中包含学校的办学章程，44 项岗位职责，100 余项管理制度和 5 类考核标准。因此，形成一种科学、规范、严谨的制度文化是学校文化建设的根本保障。

教师文化是学校文化建设的主导。教师既是学校品牌的创建者，也是学校精神文化的传承者，更是校园文化建设的主力军。在教师文化的创建中，可以从师德修养、职业操守、专业发展、培训提高等多个层面进行，从而形成一种团结向上、和谐奋进的教师文化主流。在我校，在云环精神的引领下，在实施云环教育的过程中，广大教师都是云环精神的践行者，我们倡导“敬业奉献、勤业爱岗、乐业爱生、精业钻研、创业开拓”五种精神，努力做到像云环那样敬业奉献、像云环那样勤业爱岗、像云环那样乐业爱生、像云环那样精业钻研、像云环那样创业开拓，用高尚的师德品行、精湛的教学技能、突出的专业发展来建设我校“敬业、爱生、博学、创新”的教师文化。所以，教师文化是学校文化建设的引领者和实践者。

在学校文化的建设中，还应该着重建设课程文化、环境文化、行为文化和学生文化等，让学校文化真正成为办学的深层次追求，从而形成学校持续发展、深入发展的精神源泉和动力保障。课程文化的构建有利于培养学生的综合素养。在开齐开满国家规定的课程外，我们开发出三个层次的校本课程：云环教育课程、经典诵读课程和综合实践活动课程，拓展了学生的学习空间。每天的英语听力、古诗诵读、成语接龙、新闻播报等晨读课有利于文化知识的积淀；每周四下午的民族舞、拉丁舞、合唱、快板、演讲、相声、棋类、球类、轮滑等选修齐全有利于学生兴趣的培养；体育节、艺术节、科技节、读书节等节日成为孩子们展现特长的舞台；健美操、跳绳、踢毽子、呼啦圈、玩口袋、跳格子等“阳光大课间”愉悦了学生身心。环境文化建设体现的是以优美的环境感染师生心灵、陶冶师生情操的文化氛围，起到的是“润物无声”的教育效果。校园里鲜花怒放、芳草萋萋，经典国学、世界名画、锦绣中华等语情环境主题鲜明，特别是体现云环精神的云环展室、主题图板、活动图片等，更是营造了浓厚的育人氛围，体现了学校的教育主题和办学特色。

第二辑：管理角色的思考

——思想和引领

一、时代的要求：校长应成为教育家

2003年教师节，温家宝总理在人民大会堂接见教师代表时说："教育工作要坚持面向现代化，面向世界，面向未来。要办一流的学校，就要有一流的教师队伍，有一批出色的教育家。"温总理的讲话深切指出了当今教育的发展宗旨和前进方向，那么，作为校长应如何深入思考温总理的讲话精神，如何从更高层次为自己设定目标呢？我想，成为教育家，是新时代赋予校长的神圣使命和价值追求。

对教育家的理解，每个人的理解会不尽相同，可谓仁者见仁，智者见智。可能会有人认为教育家高不可攀，成为教育家更是遥不可及的事情。其实，教育家就在我们的身边，魏书生、李希贵、刘彭芝、李烈等一些令人敬佩的教育家就实实在在地生活在我们的教育中。每一位教育家的成长都不是偶然的，都来自于丰富的教育教学实践，来自于普通的一线教师，他们能够坚守对教育的无比热爱，对教育实践坚持执著探索和深入反思。他们用鲜活的教育思想、完整的教育体系、丰富的教育实践让我们深切感受到教育家的魅力与风采，感动于他们对教育的执著与追求。

教育家应形成自己的教育思想。每个人对教育的理解都会各不相同，教育家必须对教育进行更深层次的思考，作出更为理性、更为系统、更为深刻的分析与论证，从而形成自己的教育思想。比如，

魏书生提出的“民主科学”的教育思想，就是他在多年的教育实践中进行的深入思考，经过高度提炼所升华成的教育思想。

教育家应有完整的理论体系。在形成自己的教育思想之后，教育家会在办学理念、学校发展、愿景规划、文化建设、课程体制、治校管理等诸多方面形成一整套完备的理论体系，其理论体系会和他的办学思想相互支撑，理论体系也是其教育思想的具体体现。北京实验二小校长李烈提出“以爱育爱”和“双主体”教育思想，都有一整套的理论体系来对其进行丰富的解读和诠释。

教育家应有丰富的教育实践。教育家是诞生在教育实践中的。所有教育家的成长都离不开生动的课堂教学、日常的教育活动和丰富的管理实践，正是这些日积月累升华为对教育的思考，才形成了自身的教育思想。如果没有教育实践的丰厚土壤，所谓的教育思想和理论体系只能是纸上谈兵和空中楼阁。试想，魏书生如果没有担任农村代课教师、班主任、校长、局长的丰富经历，没有激情挥洒的课堂教学，没有出神入化的班级管理，没有民主科学的管理经验，就不会形成他民主科学的教育思想，也不会成为一位伟大的教育家。每一位教育家的成长都是经历了实践检验的。所以，在生动的教育教学实践中形成的教育思想才会有鲜活的生命力，才会经得起时代和历史的检验。

教育家应是品德高尚的人。袁振国曾说过，真正的教育家，留给人们的是思想，更是人格。教育家不仅带给人们思想的引领，更带给我们品德的影响和人格的提升。每一位教育家都是“捧着一颗心来，不带半根草去”，都是以倾情教育的奉献精神诠释着教育的真谛，都是以朴实真诚、光明磊落的胸襟演绎着教育的大爱……魏书生就是这样一位具有哲学家的头脑、思想家的理性、改革家的气魄、战略家的眼光、艺术家的风范的我国教育家的杰出代表。

成为教育家，应成为新时期校长的价值追求！时代也呼唤教育家型的校长！

二、多重的角色：新时期校长角色的转变

校长是官吗？我想，这个问题不能用简单的是或不是来回答，但可以肯定的是，校长决不能有官的心理和行为。

校长作为一个教育行政部门领导下存在的个体，必须要认真贯彻执行党和国家的教育方针，要完成上级部门下达的各种任务，要完成好各种行政指令等，从这个角度来说，校长是一级的行政领导。但校长又是一个特殊的行政领导，他必须具有高度的专业思想、具有高度的专业知识、具有高超的专业技能，他必须在治校管理的过程中承担多重角色。

在传统观念中，校长每天都忙于事务性的琐碎工作，有大大小小的事情要处理，要接待家长，有很多事情要拍板，还要参加各种会议，这其中的倾力付出和酸甜苦辣只有做过校长才能有切身的感受和体会。特别是在社会转型期，很多校长既要解决老问题，又要面对新问题。可是，校长们是否思考过这样一个问题：如果长期被这些事务性工作所困，你的校长之路将如何走？

我在参加全国小学校长高级研修班学习时，有幸聆听了北京师范大学教育管理学院陈锁明教授的讲座，他精辟地指出，这些忙于事情的校长可以称为事务型校长，如果不能有所改变，他和他带领的学校可能会形成这样的发展轨迹：

忙→茫→盲：忙（每天被繁忙的事情所累）→茫（工作推着干，学校没有整体规划，对学校的发展方向开始感到迷茫）→盲（学校工作盲目进行，最后完全迷失方向）

泛→烦→凡：泛（工作泛泛进行，没有主次、没有重点）→烦（这样下去必然会心情烦躁）→凡（导致工作业绩平平凡凡，没有特色，毫无建树）

这简简单单的六个字，足以引起我们深深的思索和警醒：我们

确实每天都在从事着最平凡的工作，可是平凡之中要做出怎样的不平凡？如果没有突破，我们难道真会按这样的轨迹走下去？我们应如何打破这样的轨迹？校长究竟应该怎样来当？

作为一个新时期的现代校长应该会“变”。变什么？状态、观念、思维、方法、角色等，因为心态决定状态，心胸决定天空，眼界决定视野，角色决定作为。

无论多忙，校长都要抓住学校教育和管理的重点，准确把握时代脉搏，明确教育改革的发展方向，认真思考和精心谋划学校的未来发展，重新审视自己的角色定位，以积极的、建设性的心态去迎接挑战，引领学校向更深的层次发展，同时实现自身的专业发展。

第一，校长应“跳出来”——做教育思想的领导者。

苏霍姆林斯基曾说：“校长首先应是思想上的领导，其次才是行政上的领导。”校长必须对学校进行管理，但要摒弃传统管理者的角色，应积极地以领导者的姿态对学校的发展进行战略性的思考和反思实践，进而促进学校整体效能的持续提升。正确的思想认识能力是校长管理学校的核心内涵。作为一所学校的带头人，必须在思想上引领教师向健康的方向发展。校长要站在时代的高度进行高位思考，进行战略思考与规划，进而全面分析学校现状，客观公正地分析学校发展的优势、劣势、机遇和挑战，为学校准确定位，寻找学校实现持续发展的突破口和新拐点，从而制定科学的发展规划，设计发展愿景。校长心中应该有一个目标，对于学校发展到什么程度，达到一个目标必须要做到“心中有纲”和“心中有标”，最少应制定学校三年或五年的发展规划。这样才不会“推着干”，不会使学校陷入“走一步看一步”的境地。校长应从繁忙的事务性工作中解脱出来，既要从宏观上作出前瞻决策，又要从微观上作出科学安排。

第二，校长应“走在前”——做学校发展的引领者。

校长的管理目标不是将教师管制到什么程度，而应是全面引领教师。要相信每个人都是有能力的，为每位教师搭台铺路，创造展示自我的机会。校长要有良好的心态，有正气、有耐心、有爱心；有外在与内在的权威；有日积月累、勤奋学习的好习惯，有亲和力，有包容之心。同时校长必须是个大气的人，正如北京实验二小校长李烈所说："让自己的天空常蓝，让别人内心温暖！"用自己的思想与行动证明着管理的过程就是一个做人的过程，是一个自我修炼的过程。

一是理念的引领。办学理念是学校发展的灵魂，教育理念是教育者的灵魂。校长必须以正确的教育理念来引领教师，使他们在前行的道路上不会迷失方向，不会偏离教育发展的主轨道。

二是人格的引领。校长的人格魅力所形成的领导力是实现学校发展的重要因素。所谓领导魅力，是领导者在领导实践过程中通过个人的人格、情感、风度、能力等因素形成的对被领导者的吸引力和凝聚力。校长的魅力不在于他的权力与权威，而在于他的素质与内涵。他应该有良好的人格、丰富的知识、卓越的才能、机智的头脑、善辩的口才等。校长应成为一位管理中的智者，要有大智慧，有长远眼光和战略思维，要做大事和想大事。校长应成为一位生活中的仁者，要快乐，有爱心，以自己的人格和行动去感染教师。校长还应成为一位勇者，要有勇气，勇于创新，勇于否定自己，勇于承担社会责任，让教师在工作中体味乐趣和感受幸福。

三是精神的引领。校长要把教师从任务完成提升到境界追求的工作状态，从而激发整体团队意识，培养和谐向上的团队精神，从根本上提高学校的凝聚力、核心力和竞争力。所谓团队精神就是在共同目标的引领下，全体成员共同努力，长期坚持并形成的一种相对稳定的行为特征和体现出来的一种精神状态。我认为，充满团结、和谐、激情的教师团队就像一个热熔炉，每个人都是燃烧着的炭火，以灼热的状态发挥着自己的能量，我们在生活上要做到"温馨、和睦、充满友情"，在工作上要做到"合作、竞争、充满激情"。健康、奋进、阳光、和谐、向上的团队精神是学校持续发展的内在动力。

第三，校长应"扎下去"——做课堂教学的实践者。

荷拉维尔指出："在主要行政领导的角色作用中，有许多方面是可以授权让他人去做的，但是'学术带头人'的关键方面是不能由别人代替的。如果校长不再从事教学工作，他就不能通过榜样的作用去进行领导。"在我国，由于实行新课程改革，校长要成为学术和教学改革的带头人的要求会更加迫切。高素质的校长必须是教育教学的行家，要深刻领会新课程改革所倡导的教育理念，要把办学最根本的立脚点放在课堂教学中，每天都能深入课堂听课，开展切实有效的教学研究。魏书生在成为教育局长之后，还经常深入课堂听课，和一线的教师共同探讨课堂教学中出现的问题，研究解决的办法；北京实验二小的李烈校长不仅听课，还经常为教师上示范课，这样的校长才能成为教师教学研究的引路人和导师。校长只有通过课堂才能抓住学校教育最真实的东西，发现最本质的问题，并与教师共同研究和解决问题，有针对性地开展各种教研活动，并从中掌握教师的实际教学水平、思想动向和发展需求。校长要做到“进得去课堂，讲得出名堂，评得出水平”。其实，抓住了小小的课堂，也就抓住了学校发展的生命线。

第四，校长应“沉下来”——做专业发展的研究者。

校长的专业发展，就是校长的内在专业结构不断更新、改进和丰富的过程。校长必须要“沉下心来”，静心思考和研究政策理论、管理理念、治校方略、执政能力、教学指导、课题研究等，要做到“沉下心来搞教育，静下心来搞研究，专下心来搞课堂”，全心投入课堂教学，并引领教师运用先进的理念和科学的方法来实施新课程改革。校长一定是精通教育教学的行家里手，自身不仅要能备课、上课、评课、搞课题研究，而且要经常带领教师进行教材分析、集体备课、教学研讨、教学观摩、课例反思、案例分析、问题诊断、教师论坛、教育沙龙等实践研究，由此促进自身和教师专业素养的提升，实现内涵发展和专业发展。

第五，校长应“走近你”——做教师心灵的守护者。

马斯洛的人生需求理论认为，人有生理、安全、社交、尊重、自我实现五大需求，最高级的需求是尊重和自我实现。在学校管理中，首先要真正尊重教师的意愿，给予充分的理解与支持，这样才能保护教师的自尊心，让教师感到自身的价值与作用，实现更高层次的心理需求。其次要营造温馨和谐的人文环境，只要校长真诚地坐下来，与教师真诚地沟通、交流，倾听他们的心声，走进他们的心灵，就能让他们有安全感和信任感。校长必须要做好人、能人，要有公信力、领导力和影响力。校长要以各种方式去激励教师，调动他们的工作积极性和主动性。一个真诚的微笑、一个信任的眼神、一句鼓励的话语都会让教师们感受到校长的心是与他们的心相连的、相通的，体会到真诚、真切和真实的情感。校长要做教师发展的设计师、导航师和心理师。

第六，校长应“静下来”——做学习型组织的创建者。

学习型组织理论的创建人彼得·圣吉曾建议将学校转型为学习型组织。第四届世界教育大会提出四项责任之一就是“终身学习并不断再培训自己”。校长要将学习型组织的创建作为办学的重中之重，引导教师将学习研究视为立德、立言、立行和立身之本，要建立各种激励和评价机制促进教师进行学习和教育教学研究。校长更要通过学习不断吸收现代的教育理论，构建符合现代教育思维、切合工作实践的思想基础和理论支撑，再内化形成自己的管理思想和管理艺术，同时在管理实践中促进学习新的教育理论，进而形成理论学习与管理实践的良性循环。

校长要通过与书籍对话，和名校交流，拜专家为师，以学者为友等途径来不断充实自己，要“每日三省吾身”，做到日日反思、时时反思、事事反思，并以反思来引发更深层次的思考。要通过学习和反思完成四项修炼：一是实现自我超越——要自我开展境界教育，要创造性地工作，要向极限挑战。二是改善心智模式——学会把镜子转向自己；学会有效地表达自己的想法；学会开放心灵，容纳别人的想法。三是重视团队学习——让“思想在人们之间自由流动”，在无拘无束的探索中自由交流心中的想法，在反思中相互支持与启发，从而达到超过个人认识的效果。四是强调系统思考——要动态地、本质地、整体地思考问题。

第七，校长应“看得远”——做学校增值的经营者。

现在，社会已经处于市场经济时代，曾经高枕无忧的公办学校也面临着市场经济的考验，包括学校之间的竞争、生源的竞争、教师流动的竞争等，因此，作为校长要敢于接受市场经济的考验。校长必须要具有企业家的眼光和头脑来经营学校，要最大限度地思考学校的发展定位，要像做广告策划一样去扩大学校的信誉度和影响力。因为我们的家长也会像选择商品一样去选择学校，这也就出现了“择校热”。对于“择校热”，我想，它就是市场经济条件下的教育竞争的产物。有竞争就会有市场，有市场就会有经营，有经营才会有学校的增值和发展。因此，校长必须要树立经营意识、质量意识和服务意识，并在此基础上构建具有市场经营意识的学校管理体系。我此前也在一些教育刊物上看到过南方一些学校已取得了ISO9000管理体系认证，我想，这些学校早已将学校的经营纳入到了市场经济中了。试想，如果我们能像商家一样总是在精心打造自己的品牌，总是时时关注产品的质量和信誉，总是在思考如何扩大产品的影响力，总是在采取让消费者更满意的措施，那么，我们的公办学校也会彻底改变现在这种高高在上和高枕无忧的现状，从而真的会静下心来思考：我们的学校如何发展？如何保证生源？如何为学生和家长提供优质的教育？如何真正做到以人为本……

我想，校长要经营学校是为了学校在复杂的时代背景和发展环境下追求持续发展的增值。有了经营，学校才会有发展。

校长真的是一个复杂角色的结合体，他可以是教育家，用毕生的信念来建构自己的管理思想；可以是战略家，用智慧的谋略来描绘学校的宏伟蓝图；可以是改革家，用敏锐的胆识来推进学校的课程改革；可以是艺术家，用真挚的情感来谱写师生的幸福乐章……

三、努力的方向：做一个有魅力的“99型”校长

现代学校的改革与创新需要魅力型的校长。校长的魅力所形成的是领导与领导行为的有机结合，它正成为新时期学校校长所应具备的领导思想和领导艺术。

领导是影响他人的行为过程。在20世纪20年代，马克斯·韦伯在研究组织的领导类型时提出了“魅力影响力”的概念，他将魅力描述为：“那些领导者展示了一项卓越的使命或行为过程，他们自身不能对潜在的追随者产生影响，但是正因为追随者具有特殊的天赋，所以该项使命或行为才能够得以进行。”在这里，魅力型领导体现的是一个过程，是校长体现管理思想和管理艺术的一种行为过程。

提到“99 型”校长，也许有人会很疑惑，这是个什么类型校长呢？它又有什么特点呢？北师大的吴岩博士对“99 型”校长这一全新领导者的特点进行过深入分析与诠释，可以用“99 方格图”来进行生动形象的解释。

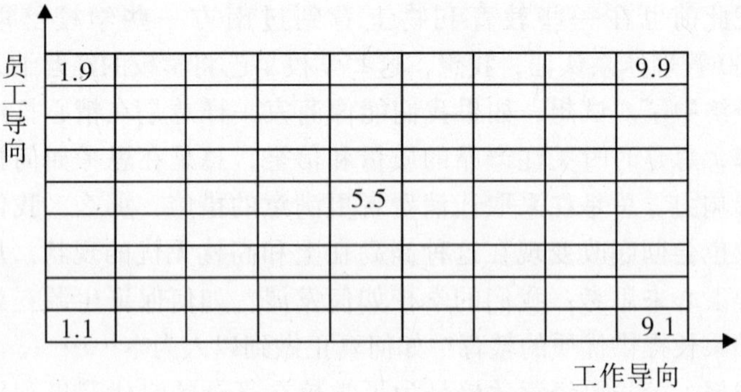

图 2－1　九九方格图

图中横项为工作导向，竖项为员工导向。如果校长只关心教师的导向，过多关注他们的情绪和感受，忽视工作任务的完成情况（方格图中的数据 1.9），长期下来就会被教师的情绪左右，会影响学校的发展。反之，如果只关注工作导向，校长会成为一个工作狂，忽视了和教师的沟通和交流（方格图中数据 9.1），则容易造成和教师对立的人际关系，也会影响学校的发展。校长要从“99 方格图”中得到启示：要既完成好工作任务，又要关心教师，让两者合为一个方向，达到 9.9 才达到领导的最高境界，才成为一个“99 型”校长。那么如何做一个有魅力的“99 型”校长呢？

一是要有能力。一方面要把学校工作任务出色地完成，另一方面又要非常关注教职工的切身利益，两个方面会合为一个方向，既完成了工作，又关注了教师，这样才能有利于促进了学校的发展。所以，在今后的工作中，校长们一方面要将学校的愿景设计好，同全体教师共同谋划学校的未来发展规划，切实抓好学校的教育教学工作，不断提升学校内涵；另一方面，要真切关怀每一位教师，并常与他们沟通、交流、倾听他们的心声，让他们感受到领导的心是与他们的心相连的、相通的，这样才会促进学校的良性健康发展。

二是要有品格。做一个有魅力的校长，不在于他的权力与权威，而在于他的素质与内涵，在于他是否“服众”。很多时候，校长的品格体现在学校管理中的是一种品行的引领。试想，如果仅仅是以权压人，让教师惧怕你，远离你，那你的魅力又从哪来呢？所以作为校长必须要有崇高的品格、健全的人格，有出色的工作能力、协调能力和沟通能力，因为校长是在做“人”的工作。教师是具有一定知识底蕴、有一定思想、有特殊劳动价值的群体，校长要带领这样一支特殊的知识群体，去实现共同的价值取向。如何唤起这个群体的工作热情与工作激情，如何让他们去执行学校的办学理念，体现校长的治校方针，实在不是一件容易的事情。校长必须要走进教师的内心、站在教师的角度去思考问题，真正为他们着想，才能真正成为教师的领导。从这个角色来看，校长应是教师情感的共鸣者。校长还要面对可爱的孩子们，因此要让我们的办学理念不仅仅是喊出响亮的口号，更要让孩子们从中受益，从而健康和快乐地成长。

三是要有知识。在教师这个知识群体中，校长的知识底蕴非常重要。校长必须要有丰富的学识和丰厚的底蕴，内在的知识结构也应该更全面，要有理论知识、专业知识、心理知识、法律知识等。校长要掌握一定的教育政策和法律法规，除拥有本专业的知识技能，还要掌握一定的心理学，及时了解教师和学生的心理状况等。校长应该是一个“杂家”，广泛涉猎多个领域的知识，尽可能多地进行知识储备，这样才能在管理实践中游刃有余，这种内在的魅力才能被教师信服。

四是要有魄力。在教育改革的大潮中，随时都会有暗礁险滩，如果不能把握正确方向，可能会被浪潮所吞没。校长要及时了解国家关于课程改革发展的政策和导向，把握《教育改革发展规划纲要》所指引的教育方向，并富有改革创新、勇往直前的精神，这样才能适应教育改革发展的步伐。

五是要有情感。对待教师要有真诚、真切、真实的情感。试想，如果校长以诚相待，教师还会拒绝你的一腔热血吗？我想只要具有这些，那么你的魅力会挡也挡不住，让每位教师从内心深深折服、敬佩你。这样的工作环境会多么令人向往，他们会为校长做任何事情，因为校长是有魅力的，更因为我们的教师是可爱的。

做一个魅力四射的“99 型”校长吧，让你的教育生活韵味无穷。

第三辑："人"的管理

——教师第一

一、管理——从沟通开始

在学校管理中，领导方法是一门学问。教育家夏丏尊曾说："教育不能没有感情，没有爱的教育，就如同池塘里没有水一样，不能称其为池塘。没有情感，没有爱，也就没有教育。"换言之，学校管理如果没有情感，没有爱，校园就不可能建立良好的人文氛围；管理需要爱，它体现在尊重、沟通、包容等方面，是学校领导与教师之间的心灵感应。

学校管理的本质特点是尊重人的价值取向，是对人的思想、情感、理想、信念的引导与建树。管理者就是动员他人实现自己想法的人。因此，现代学校的管理必须从人的本质特点去思考，注重构建人与人之间的关系，讲究管理的艺术性，探究心灵沟通的方式，自觉架起学校管理者与教师之间的桥梁，只有校长和教师之间能够敞开心扉，建立起平等、尊重、和谐的关系，才能使管理有效。

校长与教师沟通的前提是尊重和理解。沟通的功能是提供决策所需要的信息；提供情感、情绪表达或释放的机会；提供激发动机；提供调控行为。沟通的方式是倾听和表达。在实现真正的沟通之前，可以先看几个公式：

理解+宽容≠纵容

当教师在工作中出现问题时，校长在充分理解的基础上，应给予必要的理解和尊重，但这绝不是盲目的宽容和纵容。校长应当同教师共同分析出现问题的原因，明白问题出在哪；今后要注意什么；应该从什么方向努力等。可以说，校长的理解与宽容不等于纵容教师再犯同样的错误。

尊重+沟通=人文管理

尊重是把人所赋予的权力和责任交给人自身。在学校管理中，尊重人的权力很重要，它体现在尊重教师的职业探索权、学习权、自主规划权和自主交往权等。尊重是建立良好人际关系的基础，创设让教师感受到平等、安全的氛围，使教师感受到被接纳，获得自我价值感，只有建立在充分尊重教师自主健康发展权力的基础上，才能提高教师的责任感和使命感。

尊重是接纳教师的现状及其价值观、人格和权益，并予以充分关注。根据马斯洛提出的人的需求等级，尊重是第五等级，它是自我实现、激发个人潜能、获得成就的基础。校长在充分尊重教师的前提下，才能进行有效的沟通。管理大师巴顿认为，对于每一个组织来说，进行有效的沟通是最基本的要求，如果没有员工大会、电话、电子邮件和面对面的交流，要想管理好人和项目几乎是不可能的。沟通是共同的，也就是通过分享信息、理念或态度，而与他人建立共识。沟通是信息的传递、思想的传播、价值观的碰撞，是实现自我、丰富自我、跨越自我的捷径，是实现团队协作，增强组织凝聚力的重要法宝。

管理的本质是沟通。只有给予教师充分的尊重、平等、理解，才能让教师感到自身的价值与作用，促使其更好地工作，而不是死看死守或采取铁腕政策，那样会适得其反。应让教师有自主的空间与权力，让他们感到自己是“学校的主人”，这样才能认同校长的管理理念和管理方式，才能对学校的办学愿景和价值目标产生进一步认同，做到"无为而治"。

包容＋引领＝科学管理

包容所表达的宽厚、仁慈，更是一种人文化的体现，它将会改变人的行为方式和心智结构以及思维方法，因为包容也体现管理的情感。包容就是宽容、大度、审时度势。在学校群体中，教师的思想、情感、意识、价值观不乏多层次、多视角，这就需要学校领导多多包容教师，允许他们在工作中出现差错，可以通过与教师共同研究和探讨来引领其不断改进教学实践，不断提高专业水平，逐渐达到专业成熟。

我很珍惜同教师在一起工作的缘分，经常与教师进行心灵的沟通与交流，这使我能真正地走近教师、理解教师和关心教师。要创设温馨和谐的校园氛围，给教师以更多的关爱与尊重，让他们感受到从事教师职业的幸福。

二、和谐——从激励开始

领导的作用在于不断引领教师追求新的目标，焕发教师教育工作的激情，让教师成功地做好教育工作，共同构建学校发展的愿景。恰当而有效地运用激励艺术能激发教师最大的工作热情和创造力，所以，我们要认清激励这一成功杠杆的深刻内涵。

激励是能够满足个人的某种需求，从而使人能够长期保持某种状态的刺激因素。校长作为一所学校的核心，应让每位教师都树立起强烈的团队合作意识，不断激发教师的工作热情，去创造最佳的教育效益。

激励不仅仅是一种行为、一种管理有效的手段，更是一种艺术、一种管理思想。管理者要清楚地了解激励的基础——认知需求，再深入分析教师的个人动机，满足他的最高需求——自我实现的价值。

教育家李希贵在其《学生第二》中引用了一个例子：美国化妆品公司老板玛丽·凯使用了一个激励手段，她为公司最优秀的营销员工专门到凯迪拉克定做了粉红色的轿车，而且将这一款式的汽车买断，使行驶在美国的粉红色的凯迪拉克成为她的公司优秀员工的标志，让这些优秀员工体验到成功的喜悦和价值。这一激励手段令我很受启发，当然，我们不能够以这种方式来奖励教师，教师作为一个特殊的知识群体，他们的精神需求甚至于高过生命。学校对他的信任、支持和鼓励，会使他们得到巨大的精神满足，会延长他们的精神生命。

学校可以从制度激励、物质激励和情感激励三个层面来激发教师最大的工作热情与激情。学校必须要形成一个有效的激励机制，使用恰当的物质激励来不断激发教师的工作热情，如在人才培养机制、教师专业发展、奖金分配等方面都要从教师的实际情况出发，满足不同教师的发展需求，从而形成有效的激励机制。我们已初步形成了健康、有效、发展的激励机制，如云环名师、骨干教师、新秀教师的评选就为不同水平的教师搭建了发展的平台，也形成了学校的梯队建设。每学期学校设立的各种奖励项目也对教师在工作中的付出给予适当的鼓励和认可，如突出贡献奖——奖励为学校作出突出贡献的教师；最佳展示奖——奖励在课堂教学中表现精彩的教师；最具风采奖——奖励在文体活动中一展风采的教师；最佳人气奖——鼓励最受学生欢迎的教师等，这些激励在物质上的价值无法和凯迪拉克相提并论，但它带来的精神力量却是无穷的。

激励还体现在情感激励上。校长要真正从情感上尊重教师，让他们有强烈的归属感，感受到校长是真的在意他们，而不是虚情假意和作秀。事实上，有时对教师说上一句鼓励的话语，表达一次亲切的问候，送上一个和蔼的微笑，进行一次贴心的谈话等，都会给教师以鼓励，他们会为校长的善解人意而感动，会用工作中的激情来回报你。反之，如果你天天绷着脸，总是批评、指责教师，就会使他们心情压抑，自尊心受到挫伤，严重影响工作效率。所以，微笑和鼓励远远胜过惩罚与冷酷。

三、信任——从授权开始

记得在一本书上看到一个有关"猴子"的管理故事。所谓的"猴子"，是指下属在处理问题时所持有的态度。很多管理者往往会遇到这样的情况，每天走进办公室后，总有员工进来说："我昨天的工作遇到了一些问题，请问该怎么解决?"而你如果说："那我想想。"对不起，当你说出这句话的时候，这只"猴子"已经背在了你的身上！而且，很多管理者会发现，当你听完下属员工的汇报后发现这件事情并没有得到彻底解决，而你原本计划好今天要做的工作也因此被耽误了不少时间。这其中的关键就在于本来该由下属员工自行完成的工作，因其逃避责任的缘故，都交由上司处理。每个下属都有自己的"猴子"，如果都交由上司管理，结果是管理者都将"猴子"背在了自己的身上。

由此，我想到了学校管理。在学校里都设有一些副校长、主任等行政管理人员，他们都有各自分管的工作和工作职责。如果校长不能把他们放在各自的位置上，让他们各司其职、各负其责，很可能就会出现校长把下属的"猴子"都背在了自己身上的情况！这样的场面你也许不会陌生吧，校长正在办公室里办公，一位下属进来了，说："校长，现在有××事，您看怎么办?"很多时候，校长会直接表态或说："我想想。"这种情况下，校长就把下属的"猴子"背在了自己的身上。如果每天都出现这样的情况，校长岂不是把所有的"猴子"都背在了身上！校长如果每件事情都亲力亲为，每件事情都要亲自拍板定夺，那么，这些副职岂不是无所事事？在学校管理中出现这样的问题也许是司空见惯的，但我想，这主要的问题应该在校长身上。

校长首先要敢于放权和授权，要让下属明确分管的工作是什么，职责是什么，遇到问题要想好解决的办法和方案，而不是只知道问"怎么办"的传话筒。对于下属校长要给予充分的信任和鼓励，要给他们一定的自主权，而不是事事必须请示汇报。一旦工作中出现了小小的偏差和失误，校长也要给予充分的鼓励，而不是过多的指责，要给他们以正确的指导。

校长还应实行工作责任制和责任追究制。对于每一位行政管理领导都要协调好关系，可以说是“谁的猴子谁背走”。这样，各层领导才能增强责任意识，能深入思考工作出现的问题，及时想好应对措施，这也避免了校长被诸多的事物缠身，整天要背着众多的“猴子”。否则，将大大影响学校的工作效率，影响校长更深入地思考学校深层次发展的问题，这在某种程度上会制约学校的内涵发展。

猴子管理法则的目的在于指导校长正确地用人和用权，指导各层领导正确地定位和做正确的事。校长要运筹帷幄，才能统领好全校教师及各层领导，保证学校运行畅通无阻。

所以，校长不要把“猴子”背在自己身上！要做一个“潇洒”的校长！

四、发展——从教师开始

在一所学校，教师的发展直接决定着学校发展，因为教师既是办学理念的实践者，又是学校文化的体现者，更是办学水平的决定者。教师的成长状态直接决定着学生的发展程度和学校的生存质量，所以，没有一流的教师绝不会有一流的学校。著名教育家李希贵写的一本书《学生第二》，用生动的事例阐述了教师是学校发展第一生产力的观点。那么，如何建设教师文化来促进学校的发展就成了校长应深入思考和付诸实践的课题。

教师成长文化研究的是现代教师成长和发展的一般规律。它包括了教师的思想、知识、专业技能等方面，以及学校促进教师成长所体现的理念、环境、模式和方法。它主要有五个主要特征：

（1）自觉性：教师成长的根本在于教育观念的转变，在于价值观、人生观的逐步成熟，只有唤起教师内心的深度自觉性才能使其真正的成长，从这个意义上说，教师的成长具有自觉性。

（2）整体性：教师的成长是个系统的工程，涉及社会发展、课程改革、学校环境、自身条件等，因此教师的成长应是教师群体与社会需求的主动适应，是教师与教育背景的整体融合，可称之为整体性。

（3）实践性：教师的成长必须扎根于自身教育教学的实践之中，实践是教师成长的土壤，教师在实践中才能得到发展，也只在实践中才能检验教师的成长质量，体现出实践性。

（4）过程性：教师成长更需要一个日积月累和循序渐进的过程，不是一蹴而就的，这体现出其过程性。

（5）稳定性：教师在成长过程中，通过学校的统一规划、整体约束和教师自主行动，逐渐形成相对稳定的行为特征，可以称之为稳定性。

如何来建构教师成长文化？建构一种能唤醒教师生命追求、激活生命动力、促进教师成长的一种文化是校长工作中的重中之重。我认为在建构中主要有三个重要条件：确定文化理念是有利支撑；尊重、和谐的发展环境是外在动力；激励、灵活的内部机制是内驱力。

第一个条件：确定文化理念是促进教师成长的有利支撑。

在竞争越来越激烈的今天，教师的精神压力大。校长不要让教师把工作当成生活的全部，要为教师减压，让教师享受这份职业的幸福。语文名师于漪曾说，工作着是幸福的，学习着是幸福的，教师是有着"双重幸福"的人，一边教学，一边学习，其乐无穷。因此，我确定教师成长文化的核心理念是：提升教师的幸福指数。通过校长寄语"让每位教师愉快地工作、幸福地生活、和谐地发展"来体现我的追求。因为幸福生活是前提，愉快工作是过程，和谐发展是结果。教师的快乐是教师专业发展的最高境界。只有教师的发展才能推动学校的发展。所以校长要让教师认识到只有全面客观地认识自我，找准自身发展的最佳结合点，为自己设计个人发展目标，并且在工作中不断反思自己、调解自己，才能超越自我、发展自己，并且在发展中体味到成功的快乐。

我想，教育管理者都在关注着教师的专业发展建设，有两点很重要：一是教师的自主发展。教师发自内心的，积极主动地去寻求自身专业发展，这是我们所期望和追求的。二是教师的愉快发展。教育本身就是很阳光、很快乐的事业，为何不让教师心中充满阳光，充满快乐呢？他们的阳光与快乐会给孩子们带来阳光和快乐、会培养出一个个健康快乐、活泼可爱的孩子。因此，教师的快乐更重要。

建设目标是形成一种“尊重、和谐、奋进、阳光”的教师成长文化。在这样的文化理念指引下，让教师在工作和生活中做到“六个多一点”，即：多一点兴趣爱好，陶冶性情；多一点艺术修养，行为优雅；多一点运动养生，健康体魄；多一点宽以待人，和谐相处；多一点读书论道，博古通今；多一点阳光微笑，潇洒从容。

第二个条件：尊重、和谐的发展环境是教师成长的外在动力。

马斯洛的人生需求理论认为，人有生理、安全、社交、尊重、自我实现五大需求，最高级的需求是尊重和自我实现。在学校管理中，要以教师的心理需求为本，创设和谐的成长环境。

首先要真正尊重教师的意愿，才能保护教师的自尊心，教师才有心理安全感和尊严感，才会实现更高层的心理需求。其次，营造温馨和谐的人文环境，提倡尊重、信任、关心、理解的人际交往，促进健康向上的团队建设，做到“三探望”——教师和其亲属生病住院一定探望、教师的婚姻大事一定到家探望、教师家中有丧事一定前往探望等，让教师感受到“家”的温暖。学校通过举行读书节、艺术节、家长开放日、趣味比赛、郊游踏青、新年联欢、心理辅导、团队游戏等为教师创设一个放松身心的空间。再次，校长要时刻把教师摆在主人翁的地位，坚持民主办校，依靠集体的智慧和力量，做到处处为教师着想，建立民主信任的干群关系，营造“人和”的氛围。例如，每年召开的教代会充分体现了我校民主管理的思想。会前广泛征求教师的意见和建议，代表们积极撰写提案。针对代表们的提案，学校领导班子认真研究、逐条答复，再形成提案处理报告。对于提出的高质量、关心学校健康发展的优秀提案，学校还进行奖励，以激发广大教师共同参与学校管理的热情。

当一个人把自己的工作看成是自己生命和生活的一部分时，可以把工作做到优秀！这里举一个例子，我们学校的车蕊老师是青年教师中的佼佼者，她讲课好、演讲好、文艺好，是我们学校各种活动的主持人。最值得我欣赏的还不是这些，而是因为她对教育工作充满着热情，把教育工作看成了她的生命和生活的一部分。学校积极为她创设空间，搭建平台，令其有机会实现自己的教学理想。如今，她已成为长全市颇有名气的骨干教师，并获得了关爱标兵、十佳女教师、师德标兵等多项殊荣，还被省、市推荐参加全国的班主任国家级培训，被评为优秀学员，为其他青年教师树立了榜样。对于这种能力强、主观能动性积极的教师要无为而治，宽松管理反而能够出人才。

第三个条件：激励、灵活的内部机制是教师成长的内驱力。

教师所从事的是传承文明、启迪智慧的工作，更是传递人与人之间情感、展开心与心之间沟通的工作。教师除了要遵守职业操守，更要拥有人格魅力。俄国教育家乌申斯基说："在教育工作中，一切都应以教师的人格为依据。因为教育力量只能从人格的活源泉中产生出来，任何规章制度，任何人为的机关，无论设想得如何巧妙，都不能代替教育事业中教师人格的作用。"因此，教师不仅要用丰富的学识教人，还要用自己的人格魅力去影响、启迪和感化学生的心灵，更要树立真诚地服务学生、服务家长、服务社会的意识，要关心、尊重、宽容、善待学生，让学生如沐春风，快乐成长。

在教师的专业发展上，主要从自我规划、专家引领和同伴互助三条渠道来完善一种研训文化。

首先，教师要根据学校的发展方向和发展目标设计自己的发展目标，进行自我规划，充分发挥教师自主成长的能动性。

我们可按照以下的流程来实施：

自我分析——用 SWOT 分析法客观公正地分析自身的优势、劣势，面对的机遇和挑战。

确立目标——立足现实情况和个人现状，着手制定个人在自我发展、师德修养、课题研究、专业技能和素养提升的发展目标。

制订方案——制定和选择可执行的策略、步骤和方案（教育札记、行动研究、成长史分析、叙事故事等）。

积极实施——有计划、有步骤地实施，以达到最初制定的目标。

评价反馈——通过系列的量化考核、评估检验，对照规划，开展反思，自我评价。

整理归档——认真梳理、整理、总结，同时为下一个发展规划作充分的准备和论证。

其次，学校要特别注重借助专家的力量让教师投身于新课程改革，让教师深入理解新课程的研究背景、课程理念、课程标准、实施意见和学科要求等，只有这样才能引发我们对教师专业化成长的重新思考。“请进来”是我们充分抓住专家资源，请到学校让老师享受“精神大餐”。上海一师附小的倪谷音校长、上海万航渡路张雪龙校长、上海愉快教育研究所刘正言先生，都到过我们学校对全体教师进行专题讲座，令老师们开阔了视野，增长见识。“走出去”是把骨干教师派出去，让他们“见多识广”，充分感受不同地区的教育魅力；归来后，通过各种方式面向全校交流，实现资源共享。

再次，借助同伴互助的力量来促进专业成长。在一个集体里，团队精神就是这个集体的灵魂。如果没有一个能凝聚人心的团队精神，就等于失去了一个集体的灵魂。我们都曾热烈讨论过“狼”的精神，它蕴含的就是一种合作精神。而受广泛热议的“亮剑”精神，也给予我们深深的启发：无论在任何情况下，我们都必须团结起来，携起手来，共同面对，敢于亮剑，勇于出击！

所谓团队精神就是在共同目标的引领下，全体成员共同努力，长期坚持并形成的一种相对稳定的行为特征和体现出来的一种精神状态。我们认为，在一所学校中最主要的是形成一种合作共赢、和谐奋进的“热熔炉”式的团队精神。学校实行了整体创优工程，打造优秀学年、学科组。就是运用“木桶原理”，在学年、学科组的建设上实施“捆绑式”奖励机制，提出“一人优秀不算优，人人优秀那才行”的口号，力求让最短的木板长起来，有效提高学年、学科组的凝聚力和战斗力，从而激发整体团队意识。

教师之间还体现在专业发展的互助。

一是课堂教学互助——关注常态课。每一天每一节课是课堂教学最真实的体现，我们要牢牢抓住课堂教学，实行领导分学科、包学年的“常态观课月”，这样的听课会涵盖所有任课教师，按照“上课—观课—议课—评课—改课”的流程处处落到实处。为什么将“听课”改为“观课”？改的不是简简单单的一个字，改的是一种理念，一种听课的目的。因为我们的课堂不仅要看教师的教学流程和教学方法；看教师如何进行有效的教学；要看学生在课堂教学的表现；要看师生互动的情况；看是否体现学生的主体性等，通过观课才会掌握课堂中最本质的东西。我们的观课会分三个层次观课：普通课，掌握情况；跟踪课，总结经验；示范课，树立典型。做到分层展示：新教师的过关课，骨干教师的汇报课和云环名师的展示课等，这样有利于形成教研互助体，提高课堂教学水平。

二是集体教研互助——把脉教材内涵。充分利用集体式教研和分散式教研形式来帮助教师深入把握教材，因为教材是开展教学的第一关。可以从教材体系、教材结构、编写意图、教学重点、教学难点、教学目标、情感目标等多个方面进行研讨。可以采取个人主备、小组合备、领导指导、课后反馈等多种形式挖掘教材内涵。除了整块时间，还抓住零碎时间随时解决教学中出现的各种问题，充分保证了教学的有效性。

三是思想交流互助——教育理念引领。开设不同主题的教师论坛，让教师分享对教育实践的理解和感受。还利用学校教师例会的时间，在每次开会前的20分钟请一位教师主讲，或谈自己在教改中的探索和收获，或介绍外出学习的精彩讲座、课例以及思考，或交流教育教学故事、读书心得……不少老师都喜欢教师论坛这种形式，认为既能展示自我，又能互相启迪。

四是读书学习互助——注重底蕴内涵。我一直以这样一句话勉励全校教师：读书学习是一辈子的事。优秀的教师一定是爱读书的。这几年，我们采取了多种方式促进教师读书，有全校共读、自主阅读、轮流诵读、经典诵读和家校共读等形式，开展读书之星、小小读书卡、快乐大阅读、"品读悟道，精彩人生"、"读好书，做好人"、"读书伴我成长"等主题读书活动，让师生尽享读书的乐趣。让读书成为习惯，成为学校师生共享的文化大餐。

五是公开展示互助——发挥集体智慧。每当有教师承担公开课，执教教师所在的科组便群策群力、集体研讨，为上公开课的老师"诊课"，体现集体的智慧。正如老师们所言："是学校领导、老师集体的智慧让我获得了成功。"

六是师徒结对互助——促进专业成长。的确，传统的师徒结对是让刚踏上工作岗位的青年教师尽快成长的好方法。对于青年教师来说，课前，可以在师傅的帮助下深入钻研教材、设计教学、研究教法；课上，可以观摩师傅的课堂教学，吸收内在精髓；课后，可以反思、议课、评课、改课；由师傅在困惑之处给予解释，在疑难之处给予点拨，让青年教师在师傅的指导下逐渐成长。

七是云环名师引领——发挥示范效应。根据“二八定律”和“鲶鱼效应”，我们提出“让优秀的教师都成为云环名师”的培训目标，着力打造名师，让名师在课堂教学、班级管理、教育科研、专业发展等方面都起到示范引领作用，让其他教师在教学中有学习的榜样和追寻的目标。可以说，这样的过程对于提升青年教师的专业成长意义很大。当然，面对不同层次的教师还可制定不同的成长机制：一个是面向骨干教师为主的云环名师、云环骨干和云环新秀的“三步”教师阶梯培养机制。一个是为新教师启动的“一二三四五”分层培训规划：一年是“师徒结对”；二年是“引你前行”；三年是“为你指路”；四年是“搭建平台”；五年是“重点培养”。这样可避免名师的职业倦怠，也为教师的成长设定了明确的目标。

浓郁的教师文化促进了教师队伍的快速成长，学校初步形成了先进的教师主流文化——尊重、和谐、奋进、阳光，一支朝气蓬勃、业务精良的教师队伍正在形成，一大批省市级教学能手和优秀教师不断涌现。学校成功承办了“省小学语文教研中心”的揭牌仪式暨语文学科教学展示活动，在龙东地区的语文教师素养大赛中，我校五名教师组成的团队获团体特等奖并作为展示大会开场的第一个团队进行展示，她们精彩的表现得到了谭市长和广大教师的高度评价，在龙东地区产生了积极的影响。学校步入了良性循环的轨道，促进了学校的内涵发展。因为：

教师是有个性的人，校长要用独特的眼光看教师；
教师是系统的人，校长要用系统的眼光看教师；
教师是发展的人，校长要用发展的眼光看教师。

第四辑：“质”的追求

——教学质量是学校发展的生命线

我曾经听过这样一个耐人寻味的故事：有一个庸医因治死了患者，死后被打入了十八层地狱，他很郁闷，就号啕大哭起来。忽然，他听到脚下传来一阵阵敲打的声音，他一问才知道，被打入十九层地狱的是他的老师！听了故事，你想说什么呢？故事本身虽然有些迷信色彩，但它所蕴涵的含义值得我们深思。当我把这个故事讲给教师们听时，很多人都默默无语，我想，也许每个人都在故事中得出这样的共识：当一个庸碌的教师比夺人性命还残忍！

所以，我们可以提出这样一个观点：学校的质量在教学，教学的质量在课堂。

为什么研究课堂？因为抓住了课堂，就等于抓住了学校发展的生命线。所以，作为校长，必须要研究课堂教学，研究实实在在的常态课，从而抓住教学中最本质的东西。

一、强化常态教学——抓好关键三关

首先让校长们回答一个问题：在学校里，最真实的地方在哪？我想，多数校长会回答是课堂。是的，学生们是在每一天实实在在的课堂上获取新知，学生学得如何、教师教得如何就体现在每天的教学中，真正能够体现一所学校的实际教学质量的就是常态课。

常态课，顾名思义，就是在学校里、在平常状态下上的课，它应该是最真实可信的课。还有一种课堂状态就是公开课，公开课是

经过专心准备、精心设计、细心打磨后的一种课堂教学，是开展大型教研活动必不可少的教学方式。每所学校都能拿出几节很精彩的公开课，但它只能是一所学校教学风格的侧面反映，不足以代表学校整体风貌。打个形象的比喻，常态课就像是我们的一日三餐，而公开课就像是精心烹制的一道大餐，我们是靠一日三餐来获取营养的，大餐只能是变换一下口味，所以，作为校长必须重视常态课的教学质量，让学生在平平常常的课堂教学中获取营养。

为什么要研究常态课呢？如何上好每一天的常态课，切切实实地通过发挥好常态课的教学价值来提升教学质量？我们必须实实在在地抓好课前精心备课关、课堂悉心指导关、课后细心反思关三个关键环节。

第一关：课前精心备课关。这是课堂教学取得成功的前奏曲，虽是老生常谈但又很有实效的方法，应该常抓不懈，抓出新意，更要抓出实效。教学设计之所以重要，是因为它既是有效教学过程的前提，也是抽象的教学理念向具体的教学行为转化的过程。

一备教材——心中有书。教师必须对所教教材有全面的了解和深入的把握，首先了解所教的本册教材在本学科中所占的位置，这样能正确把握教材的编写方向；其次深入分析本册教材体例结构，掌握教材的知识结构；再次了解本单元的教学内容，明确重点、难点；然后把握本节课的教学内容，对所教知识点做到心中有数；最后抓住教学重点和难点，做到重点突破。经过这五个层次的备课，教师才能做到了“心中有书”。备教材可以采用个人主备、学年齐备、领导共备的形式，集思广益，达到资源共享。

二备学生——心中有人。学生是教师在备课过程中面对的一个“活体”，因为他们是有生命的。一节好的教学设计必须体现学生的主体性，要清楚学生学什么怎样学。教师必须要关注学生的整体情况，关注学生的情感变化。要对所教学生有全面深入的了解，班主任也好，科任教师也罢，都要对所教学生了如指掌，对学生的知识基础、兴趣爱好、男女生比例、性格特点等有全面了解，这样才能体现“以人为本”的教育理念。这当然不是喊口号，而是实际要面临的状况，试想，如果教师连所面对的对象都不了解，又何谈有效的教学呢？

三备教法——心中有法。在掌握学生的基础上，教师应选择恰当的教学方法。教法的选用必须切合实际，不浮夸、讲实用和求实效，达到教法的最佳组合。

四备学法——心中有底。根据学生的学习状况和学习基础来选择，让学生乐于接受，使学习变成主动、积极、有兴趣、效果好。

五备教具——心中有度。作为教学的辅助手段，教具和学具所发挥的作用不可小看。教师可以根据教学实际制作或准备，突出实用性，不搞花架子，特别是现代化信息手段的应用更要恰到好处，不要喧宾夺主。

六备流程——心中有数。在前面备课的基础上，教师要精心设计教学环节，对每一环节的教学内容是什么、设计意图是什么、为什么这样设计、要解决什么问题等必须做到心中有数。这就像是在心中构思了教学的整体框架，做好了教学的完整预案。

七备应对——心中有招。课堂教学是一个动态生成的过程，再精心完美的设计也会有很多意想不到的变化。学生在学习时可能会遇到哪些问题，该如何应对；如果教学中出现突发事件又该如何处理等，所有这些问题，教师都要尽可能地精心准备，预想到可能发生的场面和状况，再想好如何“接招”。

八备板书——心中有画。精练、美观、实用、清晰的板书可以是课堂教学的点睛之笔。教师必须对板书有精心的设计，不能随讲随写，毫无章法，而是要让板书为你的教学锦上添花。

第二关：课堂悉心指导关。这是课堂教学的核心环节，它直接决定了课堂教学是否达到目标，是否取得实效。

个人自导：在完成教学设计的过程中，教师必须重视在个人状态下的课堂教学的真实情况，看看哪些设计达到了预期效果，哪些是没有注意或忽视的地方，以随时调整教学节奏和教学状态。这也是一个边教学、边反思的过程。有条件的学校每周可以将某一节课全程录下来，作为教师个人反思的一手材料，毕竟课后看到自己的教学过程会有新的感受。

同行互导：学校可以计划安排好同学年、同学科的互观课活动。

可以是一人主备课，然后上引路课，学年共同观课、记录闪光点和有疑惑之处。要从教学设计的科学性、课堂教学的实效性、教师的教学完成情况、学生的学习状态和学习程度、改进措施等多个方面来评价和调整。同行指导的形式可以是“一人多讲”，即教师在另外一个或几个平行班进行教学的调控。“多人一课”，即同学年或同学科的教师共同备好一节课，每个人都按照各自的教学设计开展教学，然后互观、互记、互评，要在不同风格的教学过程中，从不同的教学生成中找准最佳的立脚点和着力点。还可进行“课例教学研究法”，就一节课或一个案例进行深入研讨。

领导指导：领导的观课有着重要的指导意义，可以实行领导包学年、包学科的观课方式。这样能覆盖全校的所有科目和学年，有利于推进常态课的指导进程，提高教学质量。观课是观教师的教学流程是否完整，教学效果是否达到最佳，观教学方法运用是否科学有效，观教师如何进行有效的教学。要观学生在课堂教学的表现；要看师生是否和谐互动；看是否体现学生的主体性等，通过观课才会掌握课堂中最本质的东西。观课之后，还要选出不同学科、不同课型、不同风格、不同结构的课进行学年组、学科组和全校性的教学展示，再通过全校的观课来反思、评价，从而提高常态课的水平。我们的观课会分三个层次：普通课，掌握情况；跟踪课，总结经验；示范课，树立典型。还要做到分层展示：新教师的过关课、骨干教师的汇报课和云环名师的展示课等。

这样，从三个层面进行有利的指导，能形成有效的指导互助体，从而大大提高常态课的教学水平。

第三关：课后细心反思关。美国教育哲学家杜威认为，反思是教师能够以主人翁的身份来思考问题的一种方式。美国心理学家波斯纳也提出了教师的成长公式：教师的成长 = 经验 + 反思。他指出，没有反思的经验是狭隘的经验，至多只能形成肤浅的认识。如果教师仅仅满足于获得经验而不对经验进行深入思考，那么他的发展将大受限制。经验是在日常教学工作中积累的，提高要在已有经验的基础上进行科学的反思重建，我们建议教师从设定目标反思、观察记录反思、自我提问反思、课后小记反思、案例反思和总结反思。

例如，我们将教学反思分为课内反思和课后反思。课内反思指教师在课堂上要根据学情及时调整教学思路；课后反思指在课后教师写课后记。反思可以是个人反思、同行反思和共同反思，主要从常态课的基本结构和教学效果进行反思。

反思教学设计：教学设计得是否合理？问题设计得是否科学？

反思教学方式：是否为学生提供了主动参与、动手操作和合作探究的机会？师生之间的合作是否融洽、和谐？

反思学习方式：学生是否学得积极主动、兴趣盎然？学生是否全面参与到课堂教学之中？

反思教学目标：从本节课的知识目标、情感目标、技能目标、德育目标等进行全面反思目标达成度。

反思教材处理：在教材的使用上有哪些需要删减、调整和补充之处？

反思教学效果：整堂课是否取得了预期的教学效果？有哪些有价值的教学生成？

反思总体评价：本节课的最亮点是什么、最遗憾之处是什么、有哪些教学困惑和改进思路等。

常态课是一所学校常规教学管理的最真实体现，也是学生获取新知、培养能力和丰富情感的最佳切入点。校长必须把对常态课的管理提升到学校生存和发展的高度！如果把握了常态课管理的关键点，一定能有效提高课堂教学的质量，受益的将是我们的孩子。

附：　　　　　　　　常态课课堂教学评价表

<table>
<tr><td>授课人</td><td></td><td>科目</td><td></td><td>班级</td><td></td><td>时间</td><td></td></tr>
<tr><td>课题</td><td colspan="4"></td><td>课型</td><td colspan="2"></td></tr>
<tr><td>评价项目</td><td>现代教学观</td><td colspan="6">评价内容</td></tr>
<tr><td>教学目标</td><td>目标意识</td><td colspan="6">1. 教学目标具体明确，符合课程标准要求、教材和学生实际。
2. 重点、难点的提出与处理得当。</td></tr>
<tr><td>教学程序</td><td>主体意识</td><td colspan="6">1. 教学过程思路清晰，课堂结构严谨，教学密度合理。
2. 面向全体，体现差异，因材施教，全面提高学生素质。
3. 传授知识的量、知识训练的度适中，突出重点，抓住关键。
4. 在传授知识的同时，指导学生学习方法。</td></tr>
<tr><td>教学方法</td><td>训练意识</td><td colspan="6">1. 精讲精练，体现思维训练为重点，落实“双基”。
2. 教学方法灵活多样，注重培养学生学会学习的能力。</td></tr>
<tr><td>情感教育</td><td>情感意识</td><td colspan="6">教学民主，尊重学生，师生平等、和谐，课堂气氛融洽。</td></tr>
<tr><td>教学基本功</td><td>技能意识</td><td colspan="6">1. 用普通话教学，语言规范简洁、生动形象。
2. 教态自然、端庄大方，有亲和力与凝聚力。
3. 板书工整、美观，层次清楚、言简意赅，富有启迪性。</td></tr>
<tr><td>教学效果</td><td>效率意识</td><td colspan="6">1. 向40分钟要质量，能完成教学目标，教学效果好。
2. 学生会学，学习主动、灵活，课堂气氛活跃。</td></tr>
<tr><td>教学个性</td><td>特色意识</td><td colspan="6">教学力争有个性，形成特色与风格。</td></tr>
<tr><td colspan="2">综合评价等级</td><td colspan="6"></td></tr>
</table>

二、夯实校本培训——深化"研训一体"模式

教师专业发展已成为教师专业成长的必然要求。我校在实施新课程改革过程中经过探索初步形成的"研训一体"的校本培训模式可以使教师不断反思教育教学实践，不断提升教育智慧，提高专业技能。

（一）"研训一体"概念的提出

"研训一体"概念的形成是我校在充分借鉴以往教学培训注重教师"外在培训"的成功与不足之后，把校本培训的重点转化到注重教师"内在培训"方面上来，结合实际经验，提炼生成了"研训一体"的校本培训模式。即立足于教育实践，以教师和行动研究为主体，以促进教师专业化发展为根本目的，把"教师自我钻研内化、学年研讨互补和学校教学培训提升"结合为整体的具体培训活动的总称。

（二）"研训一体"的特点

"研训一体"的校本培训活动总的特点可以概括为扎实、高效、深入、灵活，具体体现在如下几个方面：

一是以动促研。我校遵从可持续发展的课改理念，以新课程改革为重点，把促进教师发展而进行的"研训一体"教学研究活动作为深化和实施新课改的重要渠道，全面开展了以人为本的"一个核心、两个主体"的课改理念培训活动，即以新课程改革为中心，以教师为主体，以行动研究为主体。

一个核心——新课程的教育思想和教育理念成为我校校本教研的核心理念。

两个主体——以教师为主体和以行动研究为主体。教师的专业成长除了自身的不断学习外，更主要的是在教育教学的实践中不断夯实专业技能，充实教育教学理论，丰富教学实践经验，从而实现教师的专业化发展。我校的校本教研活动充分体现了以教师为本的

培训理念，让教师认识到“校本教研乃兴师之本”。我们通过召开恳谈会、问卷调查、征求意见等形式，听取教师对教研活动的想法、意见和建议，再调整教研活动的方法、形式，使教师成为活动的主体、教研的主体。行动研究应是日常教学行动和校本教研行动的统一体。不动无以促思，不动无以提高，通过个人自动—组内互动—全员皆动，让教师在互动中交流、切磋、反思、提高，让教研活动成为一个动态的培训过程。

二是以赛促研。我校将“研”贯穿于日常教学和各类教学竞赛中，形成多维的教研形式，如日常的推门课、评估课、组内研讨课、微型课（教学精彩片段）。听课分三个层次：普通听课，掌握情况；跟踪听课，总结经验；示范听课，树立典型。同时开展各种竞赛活动，如“创新杯”教学竞赛、同一教材对抗赛、教学设计比赛、教学技能竞赛等，而且凡是参赛课必须是在本学年经过“一课三讲”后生成的优秀课。通过“说、讲、评”的教学形式，在全校范围内进行集中展示和评析，并写出教研心得予以展示交流。

截至目前，我校先后进行了三届“创新杯”教学竞赛；语文科“识字教学、阅读教学、七色光教学、习作教学”的同一教学对抗赛；数学科“空间与图形教学、计算教学、数学综合实践教学”的教学技能竞赛等，形成了校本培训与教学竞赛相结合的以竞赛提高教研质量的研究互助体，使教师的教育理念和实践能力在短时间内都得到最大限度的内化和生成。

三是以思促研。我校的校本培训是立足于理论学习与课堂实践相结合基础上进行的。首先抓好教师的学习，营造“学习型”教师成长的氛围，打造学习型团队。以《新课程师资培训资源包》为教材，以新课程理念学习为重点，以新课标测试、教学竞赛、随堂听课等形式检验教师学习效果。学校要求教师做到“四个一”：每月读一本教育专刊，每月写一篇读书心得，每月写一篇案例分析，每学期进行一次读书心得交流。其次是注重教学反思，让教师体会到反思的重要价值和对自身成长的重要意义，掌握一定的反思策略。

（1）设定目标反思：教师可以每天为自己设定目标，以学生的表现来衡量自己的目标是否达到，从目标的达成度上进行反思。

（2）观察记录反思：通过观察、记录学生的行为和自己的行为进行自我评价和反思。教师可以通过写反思日记来进行反思。

（3）自我提问反思：教师通过不断给自己提问来进行反思。

（4）课后小记反思：在每节课后及时记下这节课的闪光点、不足之处以及改进思路等。

（5）案例反思：随时发现教学中的生动个案，以新课程的教育理念进行深刻剖析，进一步改进教学实践。

（6）总结反思：教师的总结可以是每天、每月和每学期的总结。总结不是单纯地对工作的列举，而是从一定深度和高度上对自己的工作进行反思，从中获得借鉴和启示。

我们通过三个层次来提高教师反思的效果：一是通过同行评课，促使上课教师进行反思；二是通过专家引领，为教师反思提供范例；三是通过专业研究等有计划的教学研究活动，保证教师有目的地反思。这样形成的以理论学习为基础、以反思促使教师发展和深入的培训活动卓有成效。

教师的反思是通过回顾自己的教学实践，诊断、监控自己的行为表现，再经过系统、客观、科学的分析和研究，以改进教学方法和策略，并应用到新的实践中去，之后再进行反思。通过实践—反思—再实践—再反思的循环上升过程来提高自己。教师要注重教学前、教学中、教学后的反思，因为这是对教学实践的积极回顾与思考，是确定研究方向、研究问题的依据，也是探索和解决教学过程中存在问题的必要条件，具有明确的研究性质，是学校校本教研中最经常、最普遍的活动形式。如果没有反思，教师很可能会徘徊不前。

四是以训促研。学校的教研、培训和科研本身就是校本培训的有效方式，三者的融合体现了整体性、系统性、科学性，我校初步探索出了一定的模式。

（1）专题讲座式。我校每月举办一次专题讲座，讲座的主题源于教学实际，不仅有精辟的理论，也有生动的案例。主讲人有专家、领导、一线教师，层次丰富，感受各异，使广大教师吸纳了多方面营养。

（2）论坛交流式。我校在每学期末设立“云环论坛”，为教师的沟通和交流创设平台，教师可根据论坛的主题各抒己见，阐述观点。

（3）分层示范式。我校根据不同年龄、不同水平的教师进行了分层次的课堂示范活动。

新教师上亮相课：对于刚参加工作的新教师，我们要求其尽快上路，上出成型课，并进行全校展示。

经验型教师上研讨课：这些教师在教育理论、教学策略和教学方式上已有了一定的经验，通过上研讨课，使他们在研中学、研中改、研中提高。

教学能手上展示课：对于市级和校级的教学能手，学校要求他们上示范课，起到了示范和引领的作用。

云环名师上示范课：我校实施的名师工程已评出了六名“云环名师”，他们在教学风格上已独具特色，通过他们的展示使广大教师领略其教学艺术和魅力，同时也激励其他教师争当云环名师。

（4）交互评课式。在每次的听课之后，我们及时组织听课教师进行评课，从教育思想、教育理念、教学策略、学习方式、教师的评价到教师素质等方面进行互动式、探讨式评课，针对不足提出改进意见和建议。这种交互式评课改变了以往一人讲课、大家观课、领导评课的现象，使教师在评课中也有所收益。

（5）案例分析式。在每次竞赛活动之后，我们要求教师写出案例分析，以此促进自己的教学实践。这种灵活多样、有声有色的“教学名师把关、骨干教师主讲、青年教师练讲、全校教师反思实践”的教学研讨，形成了实践—反思—再实践—再反思的良性循环，真正促进了教师专业化的发展。

（三）“研训一体”校本培训活动的成果

1. 促进了教师专业化的发展

长期以来，教师的教育思想往往是在被动条件下形成的，教师的主体精神没能在观念改革上得到发展和提升，教学行为在一定程度上还在延续传统的教学思想。所以，这种情况下接受的有关教育思想的培训，时常停留在字面上或表层。而我校进行的"研训一体"校本培训模式正在进行从"外在培训"转化为"内在培训"的一种积极尝试，搭建了一个真正教师研究的学习平台，在教师的自身实践中经过不断的反思和建构，实现了教师的优化组合，促进了教师专业化的发展。

2. 造就了一支业务精良的教师队伍

经过多年的校本培训，我们努力做到了"让教师愉快地工作、和谐地发展"的办学宗旨，造就了2名省级教学能手、12名市级教学能手、8名市级科研骨干、44名校级教学骨干、18名校级教学新秀等名师队伍，形成了努力钻研业务精益求精、虚心好学寻求发展、互助交流共同提高的良好研讨氛围，有力地促进了教师的发展和学校的可持续发展。

3. 提高了学校教学质量

教师专业素质的提高，教学能力的增强，必然从整体上提高学校的教学质量，学生会是最终的受益者。而教育教学质量的提高，又能提升学校的社会竞争力和影响力，从根本上促进学校的发展。学校发展必然会进一步促进教师发展，教师发展又带动了学校教学质量的提高，从而实现学生的良好发展，形成了促进各个层面发展的良性互动。

4. 积累了丰富的校本培训经验

我校进行的"研训一体"校本培训立足校本，把"外在培训"转化为"内在培训"，搭建教师展示风采的课堂平台，注重教师的反思实践，采取扎实、高效、灵活、深入的校本培训形式，使教师素质得到了提高，促进了教师专业化发展。

学校的发展依靠教师的专业化发展，深化"研训一体"校本培训，能切实加强教育的实践与反思，充分发挥教师本位作用和互助交流的提升，有助于提高教师的教学水平和综合素养。

三、注重教育科研——开展"问题式"课题研究

教育界有识之士认为：开展教育科研不仅是提高教育质量的良

策，而且是培养学者型教师的明智之举。我们要求教师本着“宁小勿大”的原则，立足本班实际，积极进行“问题式”课题研究。

学校采取“以点带面，分步推进”的办法，在教育科研工作中要做到三个结合：整体规划与教师需求相结合，形成相互联系、合力共振的课题网络，形成“人人参与课题”的良好局面。组织管理与制度管理结合，建立健全三级科研工作网络：校级—中层级—基层，我们要不断完善《班本科研课题管理办法》、《科研成果和优秀论文奖励办法》、《班本科研行动规划》等一系列制度，使学校教育科研工作能规范管理，明确目标，有序发展。过程管理与终端管理相结合，体现“小、实、严、常”。要做到“五个必须”：必须有阶段计划、必须开展系列活动、必须有过程性资料、必须有阶段性检测、必须有阶段性成果；“六个强化”：强化实践、强化指导、强化督察、强化反馈、强化交流、强化总结反思，不断增强学校的学习力和创造力。

以“问题式”课题研究为牵动，主要是学校树立一种理念、确立两个分支、抓住六个切入点：

树立一种理念是针对课题研究的前瞻性，因为教育科研首先要突破的是教师落后的教育观念。引导教师树立以学生为本，相信、尊重每个学生，关注学生认知、情感和价值观的培养，让学生成为学习的主人。牢固树立新型的教师观、学生观和质量观。

教师观：教师应是学生学习的主导者、组织者、合作者和帮助者，是学生学习的伙伴和朋友，而不仅仅是知识的传授者。教师应和学生共同参与到教学活动中来。

学生观：学生是学习的主人，教师一切的教学活动都要从学生的实际情况出发，不但要积极调动学生学习的主动性，更要关注学生的差异性、个别性和潜在性，使不同程度的学生都得到发展。

质量观：教师不能仅仅以分数作为评价学生的唯一手段，而要注重学生能力的培养。不但要培养学生基础性学力，还要培养学生的发展性学力和创造性学力，使学生具有发展性学力。

为确保科研的实效性，可以将教学和科研有机结合起来，确立两个课题分支，即重大课题和校级课题，从而构建立体的科研网络。

对于国家级、省级和市级的课题研究，必须将课题进行分解，并落实到具体的教学实践中，使课题研究更具有针对性。试想，如果课题研究脱离了课堂教学，也就失去了研究的土壤和价值。此外，还鼓励教师立足本班和本学科的实际情况，本着"宁小勿大"的原则，进行"班本式科研"，让教师切实感受到课题研究的有效性和实用性，深刻感受到课题研究并不神秘，课题就在实实在在的课堂教学中，就在每天的班级活动中，比如，教师们设立的课题有《一年级学生如何突破拼音学习障碍》、《注重学生良好读写习惯的培养》、《如何提高学生计算能力》、《班规的设立与班级文化的建设》等，对于课题研究，严格按课题的选题、论证、申报、立项、研究、实践、结题等过程，确保课题研究的实效性和科学性，避免了空泛和流于形式。

在研究中，必须注重过程的指导，注重教师研究的体验和感悟。可以抓住六个切入点：

课题选题——可以根据教学和管理实际，选择普遍性的问题或有研究价值的课题。

课题论证——通过调查问卷、摸底、前测等形式来确定课题研究的可行性。

课题立项——确定着眼点后，进行立项，题目要"宁小勿大"。

课题研究——通过教学设计、科研讲座、科研论坛、心得交流、实际展示、教学观摩等方式进行过程性研究，注意研究的过程性变化和资料的积累。

申请结题——经过一定时期的研究，可以将研究情况进行整理、归类、提炼、汇总，如果形成一定的研究成果，具有可推广价值，可以向课题领导小组申请结题。

课题验收——经过课题专家小组的论证、查阅资料、实际查验相关论证等，根据实际情况决定是否结题。

"问题式"课题研究能有效引导教师从自身的教育教学实践中发现有价值、有可操作点的"小问题"，这些问题小中见大，能将抽象的科研课题与教学实践有效融合，提高课题研究的针对性和有效性。

第五辑："德"的强化

——育人为本

国家教育方针提出的培养"德、智、体、美、劳"全面发展的社会主义接班人，首先是把德育放在首位。但实际上，学校的德育工作一直以来争议不断，普遍被认为没有形成一种完善和有效的机制，学校所开展的教育活动效果不明显，针对性和实效性不强，没有发挥德育应有的教育功能。

针对目前的德育现状，如果泛泛地开展德育工作，没有抓住重点和立脚点，德育工作还是难以突破。我想，教育者可以根据目前教育发展的形势，广泛调查学生的思想状况，了解他们的思想困惑，树立一种大德育观，树立"人人都是德育工作者"的德育观念，将"立德树人"作为学校的核心工作，将德育涵盖于学校所有管理当中，实施主题德育、基础德育、教学德育、活动德育、情感德育等，能有效地实行当代社会所倡导的培养社会主义核心价值体系，提高德育工作的针对性和实效性。

一、突出主题德育——云环教育

我们可以从本校历史发展所传承的学校精神上寻找切入点，找准突破点来实施有效的德育，这样才能体现德育的针对性。邵云环烈士是中华民族的优秀儿女，是佳木斯的红色记忆，她的童年成长在我校，为学校德育提供了深刻的教材。在邵云环烈士身上表现出来的求真爱国、进取拼搏、敬业奉献、尊老爱幼、诚信无私的品质，是中华民族传统美德的集中体现，与当前加强和改进未成年思想道德建设、弘扬民族精神以及落实《公民道德建设实施纲要》的德育目标具有一致性。

我校德育工作全面贯彻党的教育方针，确立"育人为本，德育为首"的思想，以"崇德、笃学、求真、创新"为校训，营造"以德育人，广学博知；以美塑人，和谐发展"的育人氛围。在多年的实践探索中，我们深入挖掘并形成了云环教育特色，总结提炼出邵云环的六种精神，即：

对祖国、对人民的热爱与赤诚，
对科学、对知识的探索与追求；
对人生、对未来的珍惜与执著；
对师长、对同学的尊重与关爱；
对劳动、对价值的认识与理解；
对法制、对道德的自遵与自律。

我们将这六种精神作为学生的德育培养目标。云环教育是我们学校实施特色教育的得天独厚的载体。我们聘请曹荣飞同志为学校的名誉校长，同新华社保持密切联系，同贵州省息烽云环小学结成姊妹校。每年由曹荣飞出资、新华社承办的"两地云环少年相聚北京"活动成为孩子们心中最崇高的荣誉，参观新华社、缅怀云环烈士、走进天安门国旗班参加升旗仪式等有意义的活动会让孩子们终生难忘。我们实施云环教育不是空洞的理论说白，也不是无根基盲目的操作，而是理论与实践相结合逐渐发展形成的教育体系。我们对邵云环烈士的事迹进行了搜集和整理，把邵云环中小学时代和参加工作期间的感人事迹编写成校本教材《我们的校友邵云环》，并将其纳入我们的校本课程，学校还创办了"云环展室"，以丰富的图片和生动的事例向学生展现邵云环烈士的光辉事迹，学习她为了维护世界和平，英勇献身的精神。在深入学习邵云环事迹过程中，我们进行了深入挖掘，将这六种精神作为学生德育培养目标，这六种目标以爱国主义教育为核心，以养成教育为基础，包含了爱祖国、学科学、善待人生、关爱他人、热爱劳动等方面。不是把这些说教强加给学生，而是根据学生的年龄特征将目标细化，对学生进行分层次、分步骤教育培养。不只是确定目标，没有操作细节，而是根据目标设计相应的活动为学生搭建参与的平台。不是流于形式没有检查验收，而是纳入到学生成长考核之中。比如我们说爱国主义，这是很难操作又不好检测效果的教育内容，而往往这又是当前学生欠缺的教育内容。我们的做法是，一年级学生刚入学，年龄特征和接受能力决定他们无法理解什么是爱国主义，那么，我们就让一年级的学生只需要在升国旗的时候安静地站着，向国旗敬礼，认真听国旗下演讲即可，学校领导、教师、学生都认真严肃地对待升旗仪式，学校重视这项活动，不会因其他工作的冲突而不进行升旗，学生知道升旗的重要性，自然受到感染，养成习惯，并在其成长的道路上种下了尊敬国旗的行为种子。到三年级就要求学生能讲一些爱国仁人志士的成长故事，看一些爱国主义影片。五年级时要求学生阅读祖国改革开放后的变化方面的书刊，让学生知道国家在不断地发展进步，从而树立报国之志。

每年的5月8日是邵云环烈士牺牲纪念日，学校抓住这一契机，开展一系列纪念邵云环烈士的主题活动，激发学生的民族情感，如“学烈士精神、立强国宏愿”、“学习云环精神构建和谐校园”、“迎奥运讲文明树新风”、“纪念邵云环烈士知荣明耻”等主题教育活动。在邵云环烈士牺牲十周年纪念日，学校开展了“纪念邵云环烈士牺牲十周年植云环树护云环林建设山川秀美佳城”活动。活动依据市政府提出的“爱家乡创六城”和首届杏花节的战略部署，在邵云环烈士墓旁活动植杏树，学校还组织同学参观云环展室，开展讲云环烈士故事，创作纪念烈士的诗歌比赛，慰问烈士父母等活动。新华社和市领导都参加了这次活动，我校的名誉校长曹荣飞亲自为学校师生写了一封信，充分表达对邵云环烈士的怀念之情，并对全校师生致以亲切的问候，将学习邵云环烈士和美化佳城联系在一起，提高了学生的主人翁责任感。每年评选和表彰“品学兼优、全面发展”的云环少年成为全校学生奋进的目标。

主题德育是学校德育工作的核心，必须抓住学校文化的核心，挖掘学校精神内涵，这样才是抓住了德育工作的灵魂。

云环小学校歌

我们是新时代的阳光少年，
七彩云环就是飞翔的蓝天，
校园里回落着书声琅琅，
那是我们唱响成长的诗篇。
我爱你，亲爱的老师，
我爱你，美丽的校园，
英雄的足迹激励着我们，
理想的花朵更加娇艳。
啦……啦……
崇德笃学，信念如水，
求真创新，壮志如山，
成长在爱的怀抱里，
我们长成大树立地顶天。
我们从这里飞得更高更远，
云环小学就是幸福的摇篮，
每一圈年轮凝聚着多少爱，
那是奉献写就的闪光画卷。
相信我，亲爱的老师，
相信我，美丽的校园，
今天我们是桃李芬芳，
明天我们为你写满灿烂。
啦……啦……
勤学善思智慧在心，
求异进取希望在前，
成长在祖国的春天里，
向着美好未来扬起风帆。

二、强化基础德育——养成教育

基础德育是指学校实施的最基础的教育活动和理念。它是发挥德育有效功能的坚实基础，也是培养学生基本品行的基础。我认为，基础德育应该进行养成教育，因为对于小学教育来说，养成教育是培养良好行为习惯的最好手段。

我们倡导“大德育”、“小操作”，提出“细节决定成败”这一德育理念。从细节入手，营造良好的德育氛围，让学生每一天都处于德育的氛围当中，每一刻都在接受德育的熏陶。我们提出的养成教育体现在以下几处细节：

养成教育要让学生会说话、会走路、会学习、会健体、明礼仪几个方面。

会说话：

（1）当你请求别人帮助时，用商量的口吻说“请您”。不用命令的口吻喊“喂”、“快”。

（2）当别人感谢你时，要说“别客气”、“没关系”。不能不理不睬。

（3）当人家给你提供了方便或帮忙时，要热情地说“谢谢”。

（4）当你妨碍了别人或给别人添了麻烦时，要说“对不起”、“请原谅”、“麻烦您”。不要以为是小事，不值一提。

（5）路上遇见老师或长辈时，主动打招呼，说“您早”、“您好”，不要绕开走。在学校和老师说话时姿势端正，双目凝视，认真听讲。不东张西望，不抓头摸耳，不抖腿搁脚。

会走路：

行走时，步伐稳健、轻盈，抬头，挺胸，目光平视，头不摇，身不晃。

会学习：

（1）课前准备：预备铃响时，学生立即进入教室坐好，挺腰板，腿并拢，脚平放，手自然交叉置于课桌。当堂课所用课本、文具放于课桌左上角，思想集中，准备上课。

（2）上下课礼仪：教师走进教室时，班长喊"起立"，全体学生站好后老师问："同学们好！"学生齐声答："老师好！"然后老师叫学生"请坐下"；下课时，等老师宣布下课，班长喊"起立"，全体学生站齐后老师道："同学们再见！"学生齐声答："老师再见！"等老师走出教室后，学生才出教室。

（3）课上要专心听讲，不做小动作，不随便下位。积极思考，踊跃发言，发言做到声音响亮，口齿清楚，说话完整。认真完成课堂作业，做作业时禁止说话，写字做到三个"一"（胸离桌子一拳远，眼离书本一尺远，手离笔尖一寸远）。

（4）当上课迟到时，在教室门口先停下，轻声敲门或喊"报告"。教师允许后，才进教室，入座要快，脚步要轻，动作幅度要小。坐下后，立即集中精神注意听讲。

（5）课上提问或回答问题时，应先举手。老师点到自己的名字时，站起来答题，站姿正确，表情大方。别人回答问题，仔细倾听，不交头接耳。

会健体：

（1）下课在指定的区域做文明游戏和活动，不打闹。

（2）认真做好课间操，做到每天"阳光运动一小时"。

（3）回到家里可以和父母一起锻炼身体。

（4）不参加有危险性的体育运动。

明礼仪：

（1）尊敬老师，尊重同学，听从教师教诲，不无理取闹，有意见在课后向老师或同学提出并妥善处理。

（2）当同学的家长或其他老师来校时，要热情问好，不围观，不评头论足。

（3）对别人的生理缺陷，要同情和关心。不嘲弄讥笑，不给人家起绰号。

（4）对邻居要团结和睦，尊老爱幼，互相帮助。不仗势欺人，不贪小便宜。

（5）到别人家里去，进门时要和蔼地询问，不要直进直出，不乱翻乱闹。

（6）家中来了客人，要出门相迎；客人走时，要送客出门，说“再见”。

（7）别人说话时，要注意听，不打断、不插话。

（8）在路上，主动给老人或行动不便的人让路。乘车时，主动给他人让座。

（9）学校集会时要有较强的时间观念，能提前几分钟到达集会地点。集会的速度要快，进入会场后按指定地点入座，集会时不随便走动和发出声响。集会结束离开时，服从会场工作人员的指挥，有秩序地退场。

（10）领奖时，要向授奖的领导或教师行队礼，并面带微笑，眼睛注视发奖者，双手接过奖品。献花时，要按要求着装，步伐典雅，面带微笑，双手呈送。献花毕，向受赠者敬礼，缓步退下。

云环小学《一日三字歌》

戴领巾　穿校服　注意车　过马路　国旗升　礼肃穆
分担区　勤扫除　不扔纸　不乱涂　爱花草　护公物
遇客人　你好呼　见师长　礼让路　语声轻　行缓步
文明语　牢记住　快静齐　操规熟　出入时　站成路
每节课　用心读　写作业　别说不　三个一　坐写读
同学间　互帮助　学云环　求进步　好校风　从我树

云环小学《校园八荣八耻》

以语言文明为荣，以口出脏话为耻。
以珍爱环境为荣，以乱扔乱涂为耻。
以文明游戏为荣，以追逐打闹为耻。
以热爱劳动为荣，以娇宠懒惰为耻。
以知错就改为荣，以明知故犯为耻。
以自强自立为荣，以懦弱自卑为耻。
以善思好问为荣，以不懂装懂为耻。
以关心同学为荣，以自私自利为耻。

三、创新活动德育——综合实践活动

我们的德育工作应广泛开展丰富多彩的活动，让学生在活动中受到教育，这远比说教和硬性灌输所取得的教育效果要好得多。我们每个月可以根据季节变换、学生的特点和工作重点开展丰富多彩的主题活动：

1 月、2 月、7 月、8 月是实践活动月：让学生在假期中利用校外的活动场所进行不同的实践活动，拓展视野、培养技能，提高素养。

3 月行为规范月：从开学初，规范学生言行，为新学期打基础，特别是以学雷锋活动为主题，教育学生从点滴小事做起，养成良好的行为习惯。

4 月环保教育月：开展"大手拉小手"等环保活动走进社区、走进家庭、走进社会，开展捡白色垃圾、不使用一次性筷子、回收旧电池等活动。让学生进行研究性学习活动，以小组为单位，广泛调查社会上存在的主要问题，并开展调查研究，撰写研究报告，并用废旧材料做手工和艺术品，让学生感受到活动就在身边。

5 月艺体活动月：可以把艺术教育定位为德育工作的突破口。通过"六一"校园艺术节、体育节来验收艺术教育成果。校园艺术节上有书法、绘画、舞蹈、相声、小品、诗朗诵、器乐、手抄报等比赛项目，为学生提供了彰显个性、展示才华的舞台。学校还定期开展常规性赛事活动，如跳绳比赛、踢毽比赛、拔河比赛、长跑比赛等，既丰富了学生的课余生活，也锻炼了学生的体质。

6 月科技活动月：以科技活动为主题，开展以小制作、小发明、小设计为主的动手实践活动，主题为"比比谁的手儿巧"、"我是小小发明家"、"我是小小设计师"等，让学生在动手实践中感受到自信和快乐。

9 月文明礼仪月：重点开展以文明礼仪为主，培养学生"会说话、会走路、会交流、会倾听、肯谦让、懂礼仪"，让学生成为举止优雅、行为文明的"小淑女"和"小绅士"。

10月读书活动月：利用国庆节等节日，开展以爱国主义为核心的读书教育活动，活动以读书、演讲、心得交流、征文展示等丰富多彩的形式，让学生体会到读书的乐趣。必须让学生知道：书读得好，文章才能写得好；文章要想写得好，必须多读书。要全力创建一个书香校园，通过师生读、学生读、小组读、全班读、全校读、家长读的形式创设浓厚的读书氛围，大力提倡学生多读书、读好书、好读书。例如，全校师生和家长再读四大名著，开展“我看四大名著”、“四大名著新解”等读书专题研讨活动，并在充分读书的基础上，写下心得或体会，目的不在于内容有多精彩、观点有多独到，主要是为了让学生有一种内心感受的表达。

11月冰雪活动月：根据季节特点，开展以冰雪内容为主题的活动，抽冰尜、滑冰等，让学生感受到冰雪的魅力。

12月安全教育月：以生命安全知识和防灾自救技能为主进行针对性教育，全校进行紧急疏散演练，提高学生的安全意识和技能。

这样就做到了月月有主题、月月有特色、月月有精彩。

学校还充分抓住春节、端午节、中秋节等传统节日，让学生们了解节日的特点和习俗，感受中华民族传统节日的独特魅力和悠久历史。在“七七事变”和“九一八”等特殊的纪念日，学校都要组织图片展览、资料收集、主题演讲等活动，对学生进行“勿忘国耻、振兴中华”思想教育。

四、实施教学德育——学科教学渗透

以往，人们对德育有认识误区，认为德育就是思想品德教育，应该是思想品德的教学任务，和教学没什么关系。随着时代的变化，我们必须改变这种观念，要树立一种大的德育观念，进行“全科德育”就是将德育渗透到所有学科的教学中，这样才能真正发挥德育功能，而不会使德育处于孤立无援的境地。

提到“教学德育”，顾名思义，就是在各学科的课堂教学中有意识地渗透思想教育，将知育、智育、德育有机融合。我们要充分根据本学科的特点、本节课的教学内容和学生的年龄特点，恰如其分地渗透思想教育，从而达到“润物细无声”的教育效果。比如：

语文课：语文教材的每一篇课文都蕴涵着丰富的思想内涵，教师可以在体现语文教学的功能外，充分挖掘教材本身所蕴涵的思想、内涵和道德因素，恰如其分地进行思想教育，将语文教学的人文性和思想性功能完美融合。

数学课：尽管教材内容本身所体现的思想教育并不明显，但可以从“圆周率”、“算盘”等教学内容对学生进行民族精神教育，并培养学生认真、严谨、科学、实事求是的学习态度。

音乐和美术课：充分利用教材和特殊的学科特点，陶冶学生美好的情感，激发学生美好的情感体验，充分感受艺术的魅力，让学生处处感受到美，有利于提高学生的审美鉴赏能力。

信息技术课：让学生充分感受到信息技术的飞速发展，感受到信息时代给人们生活带来的巨大变化，适时地对学生进行追求科学、努力进取、刻苦钻研的精神教育。

体育课：让学生在运动中感受到快乐、健美和阳光，同时，也有利于对学生进行顽强拼搏、永不服输和意志品质的教育。

英语课：让学生体验西方文化的特点和国情特点，让学生认识到中西方文化的差异，从而感受到祖国传统文化的渊源与悠长，有利于对学生进行民族情感教育。

地方课程：地方课程有着浓郁的地域特点，我们要充分根据地方课程特点，对学生进行爱家乡的教育，感受家乡文化的魅力。

校本课程：充分体现本校特点，有鲜明特色，是对学生进行爱校教育的良好切入点。

活动课程：学校通过开展丰富多彩的读书节、体育节、艺术节、英语节、同学节、科技节等活动，将思想教育有效融入活动之中，从而达到“润物细无声”的教育效果。

综合实践活动课：让学生在课内课外的实践活动中，培养善于观察、科学探究、敢于创新和精益求精的精神。

课堂教学是我们实施德育的主渠道，教学德育是教学与德育的完美融合，因为很多学科的知识结构和教学内容都需要我们在课堂教学中恰如其分地进行知育、智育和德育，将“教学德育”作为我们对学生进行思想道德建设的创新点。

五、拓宽德育渠道——践行“三结合”教育

《中共中央关于进一步加强和改进学校德育工作的若干意见》(以下简称《意见》)中指出:“学校教育、家庭教育、社会教育要紧密配合。学校要主动同家长及社会各个方面合作,使三方面的教育互为补充,形成合力。”《意见》提出的就是“三结合”教育,是拓展德育功能、完善学校教育的有利渠道。

(一)认识学校、家庭、社会协同教育的重要性

学校是少年儿童成长和发展的主要场所。学校承担了过去由家庭完成的大部分教育功能,成为少年儿童社会化的主要场所。一个孩子的重要成长时期基本上都是在学校度过的,孩子从中掌握知识技能,养成道德习惯,形成价值观念。因此,学校对于教育成长中的少年儿童尤为重要。

家庭是少年儿童成长和发展的重要场所。一个人生下来最初受到的影响就来自于家庭。家庭的结构特点、伦理道德、生活质量、父母的思想意识、文化修养、教育方式等方面都会对子女的身心发展产生不同程度的影响,可以说少年儿童发展的差异在很大程度上取决于家庭因素。

人又是社会的产物,一个人出生以后,在生活、学习、工作的各个方面,都要加入到许多社会群体中。就个人的发展而言,加入群体能够满足人的社会交往需要,促进个人的身心发展。

学校、家庭、社会对学生的成长发挥着不同程度的作用,并且它们的作用是相互影响和相互制约的。只要我们不断加强与社区的合作,为学生创造良好的社会生活环境,尽力延伸学生学习和认识社会的空间,尽可能触摸到时代的脉搏;同时努力做好家校结合教育,掌握学生发展变化的第一手材料,关注心理教育,就能促进学生的健康成长。

（二）充分发挥合力作用，拓展德育功能

1. 突出学校的主导教育功能

由于学校是少年儿童成长和发展的主要场所，在教育合力的形成中起到指向和引导作用，因此，要充分发挥教育的合力作用，首先要搞好学校教育。

2. 完善家庭教育的辅助功能

家庭环境塑造学生的基本性格，只有家庭教育与学校教育达成一致，才能有好的效果。我们应清醒地认识到在家庭教育中存在的一些问题：一是部分家长外出务工，造成学校有近30%的学生留守在家，由其他监护人管理；二是家长文化层次不高，教育方法不当，不能有效地对学生实施教育和指导；三是一部分家长不重视子女的学习情况，还有的家长缺乏科学的教育方法，或过于溺爱，或动辄打骂，影响了学生的身心健康发展。针对这一现状，采取如下措施：

（1）建立家长委员会，实现家校共管。应明确家委会成员的权利和义务，对学校的一些重大活动、会议、决策等都全程参与，充分行使家长的知情权、监督权、发言权和管理权，突出家长委员会在学校管理中的作用。

（2）办好家长学校，提高家教水平。通过开办家长学校来推广科学的教育方法，提升家长素质。主讲人可以是教育专家、学校领导、家长代表或社会精英，内容包括习惯培养、学习方法、心理辅导、教育技巧等。

（3）举行"家长开放日"，共同参与管理。请家长到学校听课、参观、参加活动等，亲自感受学校教育的全过程，及时与老师沟通交流，了解学生最近的变化，增强家长参与学校教育的自觉性。

（4）设立"家长接待日"，接受家长监督。向全体家长公布学校电话，设立校长信箱、开通校园博客、设立接待日等，及时解释、解决家长的疑惑和问题。

（5）建立家校联系卡，保证沟通畅通。要求班主任和家长必须持有对方有效的联系电话，每天通过电话、短信或互联网及时交流学生在校在家的表现。有意识地给学生留德育作业，并了解完成情

况，如今天学生在家做了哪些家务、和父母谈心了吗、最近在社区里有没有乱扔垃圾等。

（6）建立家访制度，转变教育观念。家访是教师了解学生在学校以外的学习生活条件、环境以及家庭教育最有效的一条途径。学校开展“百名教师进千家”活动，进行阶段性家访，尤其是加强对特困生、留守儿、单亲生、特异体质学生以及学困生的学生家访工作，通过引导、疏通、谈心等方式，共同关注学生的学习、生活和心理健康。

（7）开好家长会，重在沟通鼓励。改变原来家长会是老师“一言堂”或“批斗会”的局面，主要向家长展示学生们的成长变化、与家长沟通确定教育策略、家长介绍教育子女的经验等。让家长会变成家校共管的展示会、沟通会和交流会。

3. 延伸社会教育的补充功能，建立区域教育网络，协同学校开展教育工作

（1）与社区建立定期交流制度。了解学生在社区里的文明表现，学期末请社区为学生表现作出鉴定，评选“新三好”中的好公民。让学生参与社区的爱国卫生月、清理白色垃圾、撕揭非法小广告、为爱心超市捐衣物、资助贫困儿童、参与社区选举等，让学生感受到自己是社会的一分子，明确自身的社会责任。

（2）发挥德育教育基地的作用。我们学校本身就是省、市爱国主义教育基地，学校的云环展室随时向学生开放。每年的清明节和邵云环烈士纪念日，我们都要到刘英俊烈士陵园、西郊烈士陵园参观和祭扫，开展纪念活动。

（3）与周边单位建立共建关系。我们通过与武警部队、派出所、消防队、交警队、工商局、周边企业等建立联系，搞好社会实践。

（4）充分发挥社区辅导员的作用。让部分教师或社区居民担任社区辅导员，负责照顾放学后无人监管的学生，尽到管理职责。

（5）丰富假期教育活动。学生的寒暑假是学校教育的空白期，学校应与社区联系沟通，开展好丰富多彩的活动，完善教育功能。

当然，“三结合”教育还需要我们去建构各自完善的教育体系，这是一个永恒的课题。

第六辑：深入学习的思考

——他山之石，可以攻玉

一、北京之行——教育理念的革命

带着教育局领导的厚望，带着全校老师的信任，带着许多的企盼与希望，我有幸两次来到北京师范大学——教育部小学校长培训中心，参加了第十二期、第三十期全国小学校长高级研修班的学习。这两次的学习可以说让我站在了中国教育研究的最前沿，领略了中国教育家们的教育思想，感受到了全国知名校长们的独特风采。两个月的学习使我如沐春风、醍醐灌顶、心潮澎湃，思想受到强烈的震撼，心灵得到崇高的洗礼，可谓是经历了教育观念的革命。

（一）教育思想的洗礼——感受教育家们的教育思想

在北京师范大学学习，有机会聆听了全国教育界的知名专家、学者和教授的精彩讲座，每一位专家都对当前的教育有着独到的见解，有不同的研究专题和主攻方向。他们的教育思想深邃，观点鲜明；讲座精彩、妙语连珠，使我对教育的发展有了更深刻的认识与理解，教育理念上有了很大提升，对今后的管理实践有了切实指导，如享受了一道道精神大餐。

从游戏中所想到的

北师大教育管理学院的陈锁明和楚江亭两位院长的讲课方式生动活泼，他们用有趣的游戏形式来开展“破冰行动”，让校长们在很短的时间相识，这也为下一步的学习做好感情铺垫。他们也是在游戏中开展教学，让校长们在游戏中去感悟和体会。抽象的理论被两位老师以精辟的解释、有趣的游戏和真诚的情感沟通方式演绎得深刻透彻、淋漓尽致，无论是对学校的发展，还是对人生、对未来、对困境的心态都给予我深深的启迪。

游戏一：选一组人，第一个人做一个动作向后传递，再一个一个向后传递，到最后时，动作可能变样了。

游戏二：选一组人，同时伸出右臂，将一根细杆齐放在食指上，目标是将杆子齐放在腰部。要求是胳膊不能弯曲，不能蹲下，要用右手指背，并在一分钟内完成。

从中的感悟：

（1）有些事情人多不一定能做好，只有少数人的决策是正确的。

（2）做事情一定要有预案，要有分工和协作。

（3）要充分发挥每个人的力量，淡化领导意识。

（4）做事情最关键的是找到突破点，然后集中力量解决问题。

（5）突破惯性思维，会取得更大的成功。

（6）规则可以突破，用规则来实现目标，不要让规则来限制我们，可以用规则来突破自己。

（7）善于用别人的智慧来替你做事情。

（8）要敢于创新，打破规则。

（9）在学校管理中，要抓住最重要的问题：有方案—有执行—有检馈—有调整—有决策—有信心。

游戏三：可以选一些人，分别用赤、橙、黄来报数，并分成三组。分到赤的一组用数字报数，橙和黄合成一组，可以写一个数字来点赤队的人，点到的人可以加入到这个大组中来，没有被点到的留下来谈感受。

通过这个游戏可以得到以下启示：

（1）培养教师的心理承受能力，遇到挫折时要尽快调整心态，正确面对挫折。

（2）要有一定的化解能力，能化解危机，谈笑自若。

（3）正确认识自我，面对自我，找到问题的真正的症结所在。

（4）学会宣扬自我。

（5）学会换位思考。

从这个游戏中也想到教师的心理健康问题。

在当今社会，随着社会公众对教育的重视，教师的压力也越来越大，很多教师都出现了焦虑、急躁、压力过大等亚健康状态。这种不良状态如果带入学校，带到工作中，无疑会对学生和工作产生负面影响。

什么是健康？健康是具有良好的生理状态、心理状态、良好的社会适应能力和良好的道德意识与行为。心理健康的定义是联合国世界卫生组织界定的，指没有心理疾病或变态；良好的心态和社会适应能力；完整统一的人格；心理潜能的充分发挥。

作为校长要高度重视教师的心理健康，要通过各种方式调节教师的心理状态，让教师身心得到放松。学校管理需要人文理念及环境，教师更需要人文关怀，作为校长应该把教师培养成为人格健全、心理健康的人，这种人文、和谐的管理文化，会通过校长的文化素养与人格品质反映在学校管理工作的全过程，将对学校的发展起到重要作用，也会发挥最佳的管理效益。

校长与管理

陈孝彬教授以他渊博的学识、生动的讲解、流畅的思路、丰富的内涵引起我心灵上强烈的共鸣，同时，很多独到、新奇的观点也令人获益匪浅。

陈教授没有以题论题，而是从当前社会和经济发展的大背景出发为我们论述了当今现代校长所面临的诸如教育发展的不均衡、择校热，教师职业流动增强，人民对教育不满意等现象，让我们清楚地认识到问题的症结所在，有利于帮助我们正确而又理性地分析自己学校和所处地区所面临的教育实际状况，从而为学校下一步的发展愿景和目标作出正确的分析，会更加有利于学校的发展。陈教授以《鱼》一书的例子告诉我们：作为一个新时期的现代校长应该具有积极的、建设性的心态去迎接挑战，善于化解学校中出现的各种矛盾和问题，“化干戈为玉帛”，将在教师们中存在的消极因素巧妙化解和转变成积极因素，以自己的人格和行动去感染教师。同时，校长要高位思考，站到一个高层次来思考问题，要具有世界眼光，才能攀登教育事业发展的最高点。校长要巧妙地处理学校中的事务性工作，将平凡化为精彩，烦恼化为快乐，在追求卓越中体味乐趣，在工作中感受幸福，同时积极地在学校的工作中采取“双赢”策略，让学校教师、学生和自身都得以发展，这样的校长才能够适应改革发展的新形势，才能体会到校长的乐趣与幸福。

王文湛司长以深厚的文化内涵、敏捷的思维、极强的政治敏感度、雄辩的口才对整个中国基础教育发展的背景，到目前所取得的宝贵经验，存在的主要问题以及中西方教育的差别，目前教育改革发展的形势等方面进行了生动阐述，使我们准确地把握教育改革的发展方向，掌握政策导向，从而树立正确的教育观念，全面贯彻党的教育方针。

作为一校之长，我们首先应该深刻地认识到自己是思想上的领导者，其次才是行政的领导，校长应把教育思想作为办学的灵魂。质量是生命，管理是关键。管理靠的是真理和情理而不是权力和压力；校长要管人更要管心，管心要关心，关心要真心，从情感和情理上去管理教师，要讲究管理艺术。对待教师要用望远镜去看到学校和教师的未来，用放大镜来看教师的优点，用显微镜来细化教师的工作，用三棱镜来使教师“精雕细刻”，以多面镜来客观公正对待每一位教师。校长只有全方面、多角度地看待每一名教师，才能充分挖掘其内在动力和资源，使每位教师成为推动学校发展的助推力，这样才能从根本上提高学校的凝聚力、核心力和竞争力，这样的校长才真正地抓住学校管理中的灵魂，成为一名有思想、会管理、懂艺术、讲策略、重发展的新时期的发展型校长。

毛亚庆教授给我们做了一场生动的报告——《管理体制的转变与校长发展》，他以管理体制化为背景，从校长的专业素质到校长应具有的理念等进行了深入细致的讲解，帮助我们认清了管理体制变化之后特点，有助于我们结合学校实际情况去更新管理观念，做到教育管理中的创新。

毛教授的授课形式很生动，他让我们认真观察了三幅图片，结合我们观看图片时观察角度与思维方式的变化为我们诠释了一个重要的道理——观念的转变何等重要！图画简单但道理都很深刻。他告诉我们，在新时期教育迅猛发展的今天，教育者特别是领导者的观念必须要更新。校长必须要树立一个根本的理念——校长不是管理者，而应该是领导者、合作者，应以一种清晰、明确、先进的教育理念和教育目标去引领学校步入快速、正确发展的快车道，成为思想上的领导者。我坚信眼界决定境界，思路决定出路，更要使自己有实力才会产生无穷的魅力。

苏君阳教授的讲座《校长观念与学校管理》对校长观念的形成过程、结构和决定观念形成的关键等都进行了生动而又透彻的讲解。其中我对苏老师的“观念决定发展”这一观点深表赞同。校长的观念形成必须在社会的大背景之下，并结合学校的实际情况，作出理性的分析、判断，进而在不断思考—实践—反思—再实践的过程中形成自己的观念，以观念来引领学校的健康、持续地发展。同时作为现代校长，还要有勤思考、会交流、会倾听、勤沟通的习惯和能力，这样才会在不断的思考与交流中贴近教师，达到人与人之间真情的交往，心灵的沟通；校长还应该具有经济学家的头脑，有着经营的理念与意识；同时，作为校长，必须同全体班子成员做好明确分工，分层去解决学校中的宏观和微观问题，而不是事无巨细，事必躬亲，这样校长才会有更多的精力从宏观上调控学校，为学校发展的未来设计愿景。

接着，我们又以案例分析、讨论交流的形式，分析了三个案例，从中也有很多感悟，校长的决策要因事而定，不一定都要民主决策或科学决策，而要灵活处理、灵活运用。其实这决策能力的强与弱，正是校长工作水平体现的重要方面，决策机构决定着每一件事情的处理结果，或者对学校发展都有着重要作用，所以我深深体会到了这样一句话的含义：管理就是决策！

北师大心理学院刘儒德院长用科学的原理和生动的案例让我们重新思考教育方式及教育策略。

（1）沉锚效应——教师要善于抓住教学中的“锚”，在案例教学中，案例是“锚”；在解决问题中，例题是“锚”；在作文教学中，范文是“锚”。抓住了“锚”，为创设生动的教育情境、为学生学习新知做铺垫。

（2）认知负荷——结合学生年龄特点，研究和设计高效的教学设计，增加学生的生成认知负荷，倾听学生的附加认知负荷，为创设高效的课堂教学服务。

（3）首因效应与近因效应——尊重学生的认知规律和记忆曲线，根据具体教学内容来调整课堂教学，使学生在最合适和最重要的时间内学习新知，从而提高课堂教学效率。

（4）习得性无助感——看过实验，给人无尽启发，教育者千万不能使学生对教育产生习得性无助感，而应该让学生在不断的鼓励和激励中体验成功，获得快乐！

让课堂充满活力

新课程改革犹如春风吹遍了祖国的大江南北，吹进了我们的课堂，使我们传统的教育理念、教学方式、学生的学习方式等均发生了可喜的变化。可以说是新课改使我们经历了一次洗脑革命，经历了一次“头脑风暴”，让我们看到了教育还有如此巨大的资源，我们学校可以这样办，我们教师的教学和学生的学习都可以快乐地进行，我们的课堂如此精彩！

《中国教育报》的李建平老师为我们生动地诠释了新课程下的课堂教学的深刻含义，许多生动而又实在的事例和案例让我们再一次思考：教育如何以学生为主体，如何改变课堂教学模式，如何创造灵活而有效的课堂，如何保证学生的参与等问题。这些问题可能我们早已意识到了，早已动手实践了，但是其真正的成效如何呢？我们抓住这些问题的核心了吗？所以这些问题的再思考能帮助我们进一步抓住课程改革的实质。从理念上根本地、彻底地转变。

数学课堂上让学生从已有生活经验出发，去体会、去感知、去培养学生的数感和符号感。而语文课上培养学生的批判性阅读能力，让学生收集信息，认识世界，发展思维，从而获得审美的体会。要做到这些，教师必须在教学设计上下工夫，多思考，多琢磨。根据学生已有生活经验去创设问题情境，再建立模型，最后让学生学会解释与应用，让学生在课堂教学的过程中全面参与，从而自主地学习新知，培养能力。教师要在课堂教学中多关注学生，激发学习兴趣和学习的热情。激起创新欲望，并运用恰当的评价方式，使学生体会到成功的喜悦与快乐，教师不要只注重表面上的“热闹”而应该在精心备课的基础上思考如何让学生的思维活起来、动起来、转起来，思维上的不断运动，才能碰撞出创新的火花，让课堂成为学生和教师思想交流和碰撞出火花的地方；体现生命交流的过程，成为充满活力的地方。

坚持下去，我们的课堂应会更精彩！更活泼！

钱志亮博士的《怎样评价一节好课》，引发了我们对一节好课的思考。

如何评价一节好课？我觉得一节课的好坏要从多方面来评价，首先从教材分析，根据教师对教材挖掘、吃透得如何来评定。其次是看教师是否设计了精心的环节引导学生参与到教育教学中。学生的情绪是否跟着课堂节奏变化，学生的情感是否跟随教师起伏，从而真正达到以评价来激励学生的作用。其他的还有如教师的语言、板书、提问、表达、亲和力等应该成为教师的基本功。一节好课没有固定的标准，最重要的是看课堂中是否有新意的东西，是否是师生真正的沟通交流与合作，学生学得是否愉快。老师点拨恰当，所以能让学生学得生动、学得快乐、学得自信，这就是一节好课。

赵德成博士讲授的《新课程实施中的教育评价改革》中提到了评价体系问题。发展性评价是以不断发展、变化、完善的观念来评价教师和学生，评价的标准会随形势和生存发展的实际情况而变化。

因为学生和教师是发展的，评价也应是发展的。评价如果一成不变，根本起不到以评价促发展的作用。在我们的课堂教学中要少些条件性肯定，更需要无条件肯定。我们的教师已经有意识地进行学生评价语言的改革和探索，已经让我们欣喜地看到了孩子们久违的笑脸。但是有很多时候，我们的语言多是条件性的肯定，而缺少无条件性肯定，这是我们的课堂应关注和评价的重点。

教育管理者应扎入课堂之中，在全面关注课堂实效性的情况下，抓住课堂教学中最核心、最突出的问题，来制定针对性强、实效性强的课堂教学评价标准，从而引导教师更多地关注课堂、关注孩子，这样的课堂才是最生动、最成功的课堂。

向蓓莉博士以轻松活泼的教风和亲切自然的教态让我们领略了一位女性教育专家的魅力与风采。向博士向我们系统地讲解了校本课程开发的背景意义与步骤，让我们系统理解校本课程进一步开发的重大意义。新课程实施以来，校本课程的设置与开发给了我们教育者凸显办学特色的舞台。我们应结合学校实际情况，充分调查、研讨、论证，发挥我们的优势去开发校本课程，为孩子们兴趣的培养和能力的提高提供平台。呼家楼中心小学的校本课程——“炎黄传承”给予我很大启发，这所学校围绕传承中华传统文化这一主题设置了一系列校本课程。在语情环境设计方面，处处体现民族文化气息，诗词韵文、写意书画等令学生感受到的是浓浓的民族情结；在课程设置上，开设了书法、茶艺、陶艺、京剧、剪纸等，让学生系统学习经典文化；在活动设计上也是突出“中华民族”的主题，学校已形成了一个完整的校本课程体系，形成了学校独特的办学风格。

享受艺术教育

聆听了解放军艺术学院周荫昌教授的讲座，我只能用“震撼”二字来形容自己的心情与感悟。

周先生的讲座题目是“艺术教育与人的素质”，起初让人以为只是讲艺术教育，但周先生的讲座更像是一场爱国主义教育。由于教育本身存在的一些问题，已使现在的中小学逐步淡化了民族情感。本民族特有的一些优良文化、丰富遗产及灿烂历史正逐步被淡忘！我们的民族情感何在？我们的爱国主义是如何进行的？周先生举出的活生生的例子真正触动了我们——这些现代校长的心痛，我们许多的教育过于浮躁，只追求表面形式，根本不会在学生身上留下深深的烙印。我们是否应该想一想，教育应该怎样做才能增强我们的民族情感？怎样从学生入手进行素质教育呢？我想，周先生已经给了我们深刻的启示：教育一定要回到原点上来！教育一定要进行有民族情感的教育！否则就没有真正的素质教育。

周先生说："教育要做能做的事，必须做好能做的事！"我想这样一句朴实的话语给了我很大启发，作为校长，面对一所学校时，就要想想：哪些事能做？哪些事能做就必须要做好！这就需要我们从学校实际出发，不要总盲目攀比外校，要学会借鉴与应用，把别人好的经验与学校实际相结合，寻求学校发展的突破口与生长点。只有这样才能踏踏实实走好每一步，走实走好自己的路。切不可只盲目空想、望月兴叹！

艺术教育要有经典化的作品。周先生上课很生动，通过让我们聆听不同的音乐，让我们从中体会到经典作品所带给我们的内心情感共鸣与冲击力。我想，对学生进行艺术教育，就是充分抓住我们的音乐、美术、体育等课堂教学，让学生感受美；抓住课间活动，让学生欣赏美；抓住实践活动，让学生体验美；抓住一切教育资源，让学生内化美。总之，要用那些经典的作品来实现我们的艺术教育。因为，塑造一个人美好的心灵，离不开真正的艺术教育！

人性的思考

钱志亮教授的"回到原点看人"和郭振友督学的"教育家的成长"，可以说是使我重新认识了人，了解了人的本质属性，同时又从全新高度对教育家的成长有了清晰的理解，引发了我进一步的思考。

谈到人，可能每个人都认为是个非常简单的问题，可是听了钱教授的深入剖析，让我们知道了人与生俱来就有差异，钱教授还以科学数据和原理为我们详细讲解了学生为什么会有差异，从而让我们重新认识我们的孩子，重新审视我们的教育。教育界曾经流行过这样一句话："没有教不好的学生，只有教不好的老师。"我曾经也对此观点深信不疑，我认为只要教师全身心地投入到教育教学工作中，怎么会有差生呢？直到今天我才真正地认识到：我误解了我们的教师！我误解了我们的孩子！我想，我在今后的教育管理中对人性的认识会重新定位，重新思考。

我会更加理解、关心教师，更加珍惜同教师在一起工作的缘分，创设更加温馨和谐的校园环境，给教师更多关爱与尊重，经常与教师进行心灵上的沟通与交流，让他们真正体味到来自校长及学校的关心，不断增强教师的团队意识，感受到职业的幸福。

要了解儿童成长现状和心理特点。开展有效、生动，让孩子乐在其中的德育工作。新时期的少年儿童思想活跃，价值多元，崇尚自我，反感束缚，缺乏远大理想信念的支撑。我想教育者应本着"以人为本"的共享标准，伸出教育这两只手——一手放手，一手控制，既尊重其自身特点，又不放纵任其发展，帮助其构建起人生的三大支撑，即物质支撑、自我精神支撑和社会支撑。抓住了这三条支撑，帮助其成为一个积极的人、和谐的人、自立的人。我会更加关注学困生，我会同教师们一同去关心那些所谓的"差生"，给他们以充分的理解与关爱，从情感上、心理上去关注他们，培养他们健全的人格和健康的心理，让他们挺直腰杆做人。

对"励精图治，德行天下"的新理解

有一次，我在聆听北京师范大学教育管理学院的教授讲座时，他用了"励精图治，德行天下"这八个字来作为讲座的结束语，我突然对这几个字有了一种思考，每个字都会让我从教育的角度来进行细细品味：

励——学校应该创建一种科学、有效的激励机制和奖励机制，通过这种机制要能够燃起教师内心的工作热情，激发起心中火一样的激情，焕发起胸中挥洒的豪情。由此，必然会带来教师对教育的一片真情、对工作的一切投入和对学生的一番真情。

精——“细节决定成败”的至理名言已广泛地从企业运用到学校管理之中。精，可以理解为精细、精致、精心、精良等，它能体现出在对学校管理过程中的一种管理思想和一种管理体制，精细化的管理会将“细节决定成败”体现得淋漓尽致。

图——师生共同描绘学校发展的宏伟蓝图，让其成为师生共同努力的美好愿景。

治——以完善、科学、规范、严谨的管理制度来实现依法治校、依法治教。

德——以德立校，以人为本，培养师生良好的品德才是教育之本。

行——观念决定行动，用我们的实际行动来诠释对教育的理解和感悟。

天——我们时常要抬头看看天空，要站在一定的高度来思考我们的教育，思考我们的办学，谋划学校的发展。

下——我们也要低头看看脚下，需要我们脚踏实地、扎扎实实地办好我们的教育。

（二）办学思想的交流——校长们的管理艺术

通过两次的学习，结识了来自全国不同城市、不同地域的校长们，他们有思想、有见地、有策略，每一位都是教育的前行者、教育的改革者和管理的行家里手。与会的校长们结下了深厚的友谊，彼此之间真诚地交流与沟通，许多校长的妙语连珠和独到见解无疑是一笔无形的财富流入我的心中，真正实现了思想的交流和思维的碰撞。可以说每位校长都是一个思想家，每个人的见地可能都对彼此产生强烈的共鸣，达到了心与心的交流。

校长们在交流了办学特色经验之后，在我头脑当中始终萦绕的就是——感动。感动于校长们形成先进的办学理念、明确的办学目标、鲜明的办学特色、科学的办学模式和独到的办学策略；更感动于每位校长身上体现的人格魅力——深思、远虑、敬业、智慧、人文……每位校长从不同的角度、不同的方面展示了学校及领导者的风采，有着鲜明的办学宗旨与理念，并各自都有一套治校方略。他们每个人都是一座金矿，每个人都是一笔财富，在这些校长面前，我感受到了教育的魅力。

罗汉萍校长：

（1）制定学校发展规划，以“育人为本，共同成长”为校训，明确学校发展愿景——飘满书香。

（2）校本培训形式活泼生动，以游戏为主，让教师参与其中、乐在其中、受益其中。每月末的组长茶话会让教师和行政人员充分感受到责任、诚信与幸福。让教师感受到：每个人都重要！

（3）学校文化建设的核心——人文化。

严春林校长：

（1）有胆有识，发展校园信息技术，建设花园式学校。

（2）学生活动有特色，科技活动、羽毛球体育节等，校本课程很有成效。

（3）家校沟通教师每天给每个家长发送信息，建立沟通桥梁。学校设有育人网校，能在线进行个别辅导，帮助学生网上学习。

汪娱校长：

（1）关注学生发展，关爱每个孩子。

（2）抓师德建设，抓教师价值观建设，为教师“洗脑”，充分尊重教师，期末同每位教师进行一次谈话。

（3）建设有特色的课程体系，以英语为主，以学生兴趣培养为重点，开设丰富多彩的校本课和特色课，让学生快乐学习、健康成长。

（4）校园文化建设。以四大节日：英语节、体育节、科技节、艺术节为切入点，注重对外交流。

赵国弟校长：

（1）明确校长定位：做学历的高者、理念的新者、管理的强者、教学上的能者、行动上的快者、师生的友者。

（2）关怀教师，有教师人文关怀。为教师送鲜花、贺卡等。

（3）个人自勉：为国、为教、为生、为校，尽心、尽职、尽责、尽情、尽力。早出晚归是常事，家访教师是正事，廉洁自律是定事，通挑重担是份事。

感悟：

（1）一所学校必须要有明确的办学理念：办学理念不是口号，不是文字，而是一所学校的办学之魂，是学校的发展方向，是全校师生为之奋斗的灯塔。办学理念的树立正是校长办学思想的体现。办学理念绝不仅仅停留在语言上，而是体现了一所学校的办学灵魂，是学校办学的发展方向和支撑点，是全校师生为之共同努力、奋斗和体现的办学目标。所以，校长必须有正确、独到的办学理念。办学特色是体现办学理念的外在表现，它既为办学理念服务，又要体现本校独特的办学思路。可以说，办学特色是一个学校发展的动力。

（2）教师的专业化发展是学校发展的关键。校本培训也好，校本科研也好，最终目的都是为了提高教师的专业水平和业务能力，实现教师的专业化发展，这是学校发展的关键所在。试想，如果教师不具备过硬的专业技能，如何去提高学生素质和综合能力？如何促进学校发展？因为学校最终是要使学校、教师、学生达到双赢的目的。

（3）学校一定要开发有特色的校本课程。校本课程就是学校的特色。所以一所学校要生存、发展，必须要有自己的特色。我比较欣赏的是天津中山小学的网球特色，山西太原大学外语师范学院第一师范附小的“经典教育”，这两所学校都是结合本校校情，经过充分论证与调研，从而准确定位，发挥自身优势来打造特色学校，而且让这一特色贯穿于学校管理之中，包括校园文化建设、课程的开发、学生的发展等。所以，校本课程是形成办学特色的最佳切入点。

（4）把学校建设成为学习型校园。以前也看到过学习型学校建设的有关文章，只是片面地将之理解为让学校、老师多学习就是学习型学校。通过今天的学习才认识到自己的认识是很片面的，学习型学校的建设其实更是一种教育思想和教育观念的更新，是对学校的全面的综合的改造。以这种理念为指导，使学校的管理方式、管理策略、教师的培训方式等，很多方面都发生质的改变。也就是充分发挥教师的主体作用，挖掘教师的积极主动性，在一种平等、和谐、主动、交流的基础上去设计学校的各种活动，以达到学校和教师共同提高、共同成长、共同发展的双赢目的，只有以这样的学习型学校建设才会使学校步入一个全新的、可持续发展的快车道上来。

（5）校长一定要有开拓进取、不畏困难的精神。从某种意义上可以说校长是很不容易的，在办学中要遇到很多困难和困惑，这就需要校长迎难而上，不畏困难，勇敢面对。我很钦佩石家庄市东明小学的任勤岩校长的不畏困难、勇于开拓的精神。即使她面临那么多困难，但都想尽一切办法去努力克服，全身心投入学校工作，使该校在短时间内发生巨变。我钦佩她，更要向她学习。今后，无论我遇到什么困难都要勇敢面对，迎难而上。

（三）办学风采的领略——名校的特色办学

感受人文化管理的北京中关村四小

今天，我们全体学员有幸来到北京科技园区的一所小学——中关村第四小学。一下车，那紫红色的教学楼、现代化的塑胶跑道、幽静的校园环境吸引了我。从一踏进教学楼，看着那精心设计的塑胶楼梯，墙壁上颇具特色的环境设计，典雅整洁的教学环境，活泼可爱的孩子，无一不让我感受到一股浓浓的亲切、和谐、轻松、愉悦的气息；感受着这一切所传递的先进的办学理念与校长的办学思想。果然，在刘可钦校长的介绍及与其交流中，深深地感受到她那种科学与人文并举的管理文化。

（1）体现以倡导为主的管理理念。学校不以制度来约束人，教师是做人的工作的，具有复杂性、理智性、智力性的特点。面对这样一个特殊的知识群体，更多的应是以理服人，而不是靠冷冰冰的制度来制约他，约束他，因为教师不喜欢你说“你不许怎样”、“你必须怎样”等。如果你作为校长，以这样的语气和方式来管理教师，势必会将自己与教师放在了对立面，必然会将管理带入死胡同。刘校长常说：“讲理的人做讲理事，讲理的人有讲理的艺术。”所以，以倡导为主的人性化管理方式，更易于被教师接受。

（2）以团队建设来促进教师的专业化发展。我觉得刘校长的团队建设思想很好，把这所学校看作一个团队、一个集体，每个人都是一分子，都要为这所学校的发展服务。优秀教师们以案例、展示成果等方式让其他教师切切实实地感受到平凡的人做出了不平凡的工作，创造着不平凡的业绩。让每位教师在平凡中感受成功，享受快乐，从而在日积月累中促进专业化发展。

（3）让教师站在前台。让教师成为促进学校深入发展的核心力，给教师以充分的尊重和信任，建立起情感对话和专业引领的“双支撑点”，让教师在研究交流和互助支持中实现深度对话，从而实现共享智慧的目标。学校每两年一届的国际交流会，让教师具有国际教育视野，站在一个更广阔的空间来反思我们的教育，全心打造“会议文化”，让每位教师得以进行思想的表达。每周一要求教师及时反思，让反思促进教师成长。

（4）让学生站在中央。刘校长说：“什么都可以等待，唯有学生的发展不能等待。”学校也是抓住了三个层面来为学生的发展搭建平台。一个是进行具有支持性功能的班级文化建设，打造一个共同滋养的精神家园；第二个是进行以学会服务为特色的少先队活动，打造一个需要共同经营的舞台；第三个是进行个性色彩浓郁的社团活动，打造一个极具吸引力的活动组织。三个层面的平台，为学生的健康发展和快乐成长创设了一个广阔的空间和舞台。

快乐教育的北京一师附小

“快乐教育”多年来一直被广大教育者所推崇和倡导，我们终于走进了快乐教育的发源地——北京一师附小，校长张思萍所作的《快乐教育的实践与思考的报告》让我们全面地了解到快乐教育的提出、实践与思考，领会了其丰富的内涵及办学思想。我感到，快乐教育的核心就是让师生都能愉快、幸福地成长和发展。校长的精彩介绍让我领略到了快乐教育的真谛。

(1) 教育的根本目的就是让学生快乐地成长。小学阶段的基础教育是为学生打基础的教育，是为学生生命发展奠基的教育。这样的时光应该像阳光一样普照着每一个孩子，让每一名学生都能愉快、健康地成长。我觉得一师附小的很多做法值得我们借鉴，可多开展一些丰富多彩的教育活动让学生体味到其中的快乐。如三八妇女节给妈妈写一句温馨的话；开办各种学生社团，如“爱心交谊会”、“小鬼当家”、“金头脑”聊天室等，让学生每一天都在快乐中度过；开办“小能人风采社”、“快乐音符活动社”、“小鬼当家服务社”、“心灵互动知心社”等社团活动，孩子成为活动的组织者、参与者，他们当然也会乐在其中。

(2) 教师的快乐和自主地发展是教师专业发展的最终目标。我觉得校长应把握两点内涵：一是要教师自主发展，在学校的引领下，通过有效的激励机制让教师实现自我发展；二是要教师愉快地发展，教育是很阳光的事业，我们为何不让每位教师心中充满阳光呢？他们的阳光与快乐同样会给我们的孩子带来阳光和快乐，会培养一个个健康快乐、活泼可爱的孩子。因此，教师的快乐更重要。

注重发展的建华实验学校

我们有幸参观了北京建化实验学校。刚下车，我们就被校门前独特的雕塑所吸引，引发了我们对这所学校办学特色进行探索与探寻的兴趣。走在校园里，我感受到这里有一种浓郁的教育氛围与学校的大气，当我们听了校长和主任的一番介绍，更是让我走“近”建华。

建华——一所书香校园。该校打造书香校园，倡导读书第一，提出“我们幸福地读书”的读书理念。我比较欣赏的读书活动，一是假期家长和学生共同走进图书大厦，共读一本书，而后将图书共同购回。我认为这一举措非常好，这带动家长共同读书，营造一个读书家庭氛围。二是师生共读一本书，共同研读，共同研讨，共同进步，共同成长。

建华——一个发展校园。①师生在这所学校里能够共同发展。教师的发展动力是持续的、有目的的，该校为教师设计了12级、52条评价标准，设立了基础教师→骨干教师名师→学科带头人的发展层次，让不同教师有不同的奋斗目标和发展方向。课堂的反馈，能让教师清楚地看到自身的优势与不足，找准切入点，有效地促进课堂教学，而课堂教学的最大受益者就是我们的孩子。②该校为学生提供了不同的发展空间，设置了儿童活动十大场，让孩子们兴趣得到发展，能力得以提高，综合素质得以增强。③灵活有效的课程设置。该校打破了传统的课程设置，从有利于学生发展的角度，灵活设置课程与课时。我想，这不仅是形式的变化，更是教育者教育理念的体现。④两大支柱性实验，建华新教育实验和年级部体制实验，成为学校持续发展的助推力。

（四）教育魅力的体现——知名校长的思想精髓

温家宝总理曾经提出教育家办学的指导方针。对于什么是教育家办学，我并没有什么感性的认识。但是，通过与李烈、马骏和吴国通等几位到知名校长交流后，我对教育家办学有了深刻的认识，同时真正领略了教育家的风采。

我们走进了北京朝阳区呼家楼中心小学的美丽校园。正如所料，一下车，我们就被色彩明丽、富有现代气息的教学楼所深深吸引了。走进教学楼，我们更是被那深厚浓郁的校园文化所深深感动与震撼，古香浓郁的古诗、三字经装饰着每一处墙壁，富有想象力的彩色壁画，独具匠心的暖气罩，色彩与教学楼浑然一体的楼梯……一桩桩、一处处无不体现着学校的特色文化——传承文明。

然而，更让我为之心潮澎湃，至今还意犹未尽地谈论的，是这所学校的女校长——马骏。正如她的名字一样，她有着骏马一样勇往直前、努力进取的一种精神、一种观念、一种思想。这位精明强干的女校长以她生动流畅的话语，为我们生动地诠释了她的精神品质、办学思想与办学体会，清新朴实、观念超前，给人以振奋、给人以鼓舞、更给人以启示。我被深深地折服了，我从心底里敬佩这位女校长，敬佩她的远见卓识，敬佩她的激情与执著，敬佩她的勇往直前……这位女校长用她自身的人格魅力与工作风格展现了新时期校长的风采，更如她所说的一样，校长要具有战略家的头脑、科学家的智慧、外交家的口才、艺术家的灵感、政治家的敏锐，我将向着这个目标去努力，去更好的诠释校长的职责。

提到北京实验二小，就必须提到校长李烈，对此我的心中总是充满着无限向往、敬仰与神秘。尤其是读了李烈校长撰写的《为生命涂上爱的底色》，更是让我觉得实验二小是一方教育的圣土，校长则是演绎这一神话的灵魂。带着仰慕已久的兴奋与期待，有幸走进了我心中的乐园——北京实验二小，走近了我心目中最崇拜的小学校长——李烈。

我们首先参观了实验二小的一年级部——王府小学。一走近校门，我们马上被那浓郁的王府气息所吸引，红色的油漆，飞翘瓦檐，门楼上方雕梁画栋、鲜花飞鸟，栩栩如生，仿佛将我们带回了古代，让我们从这所学校身上去体味那古朴厚重的文化与氛围。院内每一处设计都匠心独运，每一处雕塑都耐人寻味，这里体现的是古老文化与现代文明的完美融合，又体现着教育者的教育思想与教育感悟，突出体现了这所学校的办学之魂——爱。

当我们进入主校时，不禁被这所学校浓厚独特的校园文化深深感染了——“托起明天”的雕塑、令人称赞不已的校史室、精心设计的科技长廊、彬彬有礼的学生……无论是有声的、无声的，都折射出学校的独特魅力，而最吸引我的还是这所学校的校长——李烈。当她出现在我们眼前时，我真是激动不已，这就是我心目中的教育家！我最崇拜的人！她打扮得体，不失女性气质，真是一位有魅力的教育家！她态度亲和、和蔼可亲、话语中透着丝丝暖意，让我们倍感亲切！她将自己的办学思想如数家珍地向我们讲述，我感受到的是——教育家的思想在这里闪光！“以爱育爱”的思想在这里洋溢！一丝丝话语，一句句感言，无不生动朴实地诠释着她的思想！从“双主体育人”的办学理念形成到学习型组织的构建，再形成独特的校园文化，这一历程正是她不断探索，勇于追求，超越自我的历程。她努力让教师快乐地工作，以“学习＋激励”来信任鼓舞每一位教师，不以冷冰冰的制度去管人，而是鼓励、激励和信任教师，使每一位教师都得到提高。她用心去和教师沟通，用心与教师对话，同时用心去爱教师！

她说："校长应是思想上的引领。"我对这句话深表赞同。校长首先应该是一个高位的思想者，校长的目标不是将教师管制到什么程度，而是全面引领教师。要相信每个人都是有能力的人，为每位教师搭台铺路，创造展示自我的机会。校长要有良好的心态，有正气、有耐心、有爱心；有外在与内在的权威；有日积月累、勤奋学习的良好习惯；有亲和力、有包容之心。同时校长必须是个大气的人，正如她所说："让自己的天空常蓝，让别人内心温暖！"她用思想与行动证明着管理的过程就是一个做人的过程，是一个自我修炼的过程！

李烈校长，我敬慕您！您是我的榜样与奋斗的目标！

北京小学的吴国通校长，教育观念先进、教育思想超前、教育实践丰富。他从理论到实践，为我们生动、深刻地诠释了教育者应该具有的管理思想和管理境界。从宏观和微观两个不同层面诠释了教育家办学的生动实践。

（1）明确基础教育的基础——蒙童养正（培养良好的学习习惯和生活习惯）。

（2）明确现代学校管理的价值选择就是服务。

（3）建设"实"与"活"的教学体系。

实："实"是一种态度、一种管理，要实在年级、实在课堂、实在班级，要扎扎实实打基础，树立"合格 = 优秀"的评价观。

活："活"是一种思想、一种机制，要活在资源、活在方式、活在评价，要使学生的能力得到发展，不读死书，扩大阅读量，扩展视野。

（4）教育科研常态化。将课堂教学和教育实践中的问题与科研紧密结合。将"宁小勿大"理念落实课堂，抓实科研，不搞两层皮。

（5）为教师专业发展打造平台——为教师开研讨会、为教师出个人专著。

（6）构建扁平化管理模式——重心下移。提出管理在年级，质量在学科，动力在班级。

吴校长提出这样一个观点，我认为很值得回味。

领导与教师等距离：给教师以充分的尊重、信任，领导不能有高高在上的心理。

教师与教师近距离：教师之间建立的是合作、共赢的团队精神，是亲密融洽的朋友。

教师与家长远距离：教师不允许接受家长的任何馈赠，保持教师职业的尊严。

教师与学生零距离：师生之间人格的平等，共同参与班级和学校活动。

清华大学校长梅贻琦曾说，大学之大，不在大楼，而在大师。我想，这“大师”不仅仅是指学校中的名师，也可以指教育家型的校长，他们更是“大师”！

二、上海之行——办学视野的开拓

很幸运，有机会被教育局选派到上海挂职学习。我以上海市一师附小为依托，以其他中小学为基点，通过深入实践、理论学习、参观考察等的学习方式，比较全面地了解了上海基础教育的现状，深切感受到了一流城市创办的一流教育——先进的教育理念、超前的办学思想、完善的硬件设施、独特的教育魅力。

“理念+特色”的教育模式

上海教育的主题是注重人的发展，确立以学生个性发展为本的教育价值观，并树立尊重学生，让每个学生都生动、活泼发展的教育理念。正是基于这样的教育理念，各所学校均创立了具有不同特色的教育模式去为学生的个性发展提供广阔的发展空间。如一师附小的“愉快教育”、实验小学的“开放教育”、闸北八中的“成功教育”、模范中学的“攀登教育”、月浦中学的“环境教育”等。每所学校都有高层次的发展目标、办学宗旨和教育特色。如果学校没有先进的理念，没有办学特色，就很难在竞争激烈的教育环境中生存。所以，学校只有树立先进理念，找准自身发展点，办出特色，创建独特的教育模式，才能立足，才能生存，才能发展。

“教学生五年，为他们想五十年，为国家为民族想五百年。”从一师附小的办学宗旨足可以看出上海学校办学理念的深度和广度。让孩子们“人人有快乐的追求、事事有奋斗的目标、天天有攀登的行动、时时有成功的喜悦”。人性化、个性化的办学目标必然带动学校深层次、可持续性的发展。从愉快教育的办学观、教育观、学生观、教学观之中，无不体现出人性化、个性化的教育理念。通过愉快教育，让学生愉快学习、愉快生活、愉快活动。“愉快中求发展，发展中求愉快”，一师附小的愉快教育不断发展、不断深化、不断创新，以适应教育发展的需求，但始终以尊重学生个性为基本的教育理念。所以，我以为，学校在进行共性教育中也要注重个性教育，要培养学生良好的共性和鲜明的个性，因为我们面对的是鲜活的生命，我们的教育要目中有人，树立以人为本的教育理念，才能创建出以人为本的教育特色，这应该成为学校深入发展的原动力。

“科学＋规范”的管理体制

一流的教育需要以一流的管理为保障。上海教育实行“三本”教育管理，即一切为发展：教委工作以学校发展为本，校长工作以教师发展为本，教师工作以学生发展为本。学校在教育管理中构建了现代化、高效能的管理模式。

上海真正实行校长负责制。校长统领全局，对全校工作和发展运筹帷幄。学校根据实际情况制定出一系列规章制度。执行中见事不见人，做到规章明确，操作规范，处理有据，赏罚分明。将工资的30%～50%作为结构工资，根据个人工作表现和业绩予以发放，不仅仅是按劳取酬，更是按质取酬。这种工资机制，极大地调动了教师工作的积极性、主动性和创造性。

学校应同外界环境建立经常、广泛的信息交流，例如，同社区、家长的联系和沟通，争取社会各界对学校工作的支持，发挥学校对社会的服务作用。街道和家长委员会对学校的教育工作进行监督，专家委员会对学校进行高层次指导，以利于学校的深入发展，构建开放性教育系统。

学校内部建立结构合理、组织有效、信息畅通、协调高效、运作有序、反应灵敏、充满生机与活力的一体化学校内部组织。实行兴趣跑班制，在学校设置的兴趣课程中，学生可以根据个人兴趣、爱好自由选择学习，如海洋知识课、英语演讲、茶艺、空模、航模、围棋、声乐、舞蹈、器乐等丰富多彩的课程，让学生享有“自助餐”式地选择，有利于学生个性发展。

“名师＋骨干”的师资队伍

邓小平同志指出：“一个学校能不能为社会主义建设培养合格人才，培养德、智、体全面发展、有社会主义觉悟、有文化的劳动者，关键在教师。”一流的教育需要有一流的教师。上海之所以成为教育改革的最前沿，关键在于有一支高素质的教师队伍。一师附小在完善师资培训的有效机制上有很多做法值得我们借鉴。

一师附小狠抓青年教师的培养，将教师的发展方向确定为“合格教师—骨干教师—优秀教师—名牌教师”。在教师中树立“有名师才有名校，名校再塑名师”的名师意识，使教师人人敢创，个个争先。学校确立了明确的培养目标：师德方面为人师表；教学方面一专多能；教育理论造诣较深；教育科研成果突出，还要有一定的外语水平，能使用现代教育技术，并有良好的心理素质，有竞争意识、自尊自信，有乐观向上的健康人格。鼓励教师由传统型向开拓型、单一型向复合型、经验型向科研型、类同型向特色型转化。明确的目标为教师指明了前进和努力的方向。

学校还设立了“明星教师、明星班主任、新秀教师、全爱心教师”的评选制度，每年评选一次，给那些师德高尚、业绩突出、教学精湛、科研领先的教师给予荣誉和物质奖励。这些目标激励和荣誉激励，极大地调动了教师的内在动力，形成了一种健康向上的竞争氛围。学校加大培训力度，形成了由市、区、校三级培训的系统网络。校内也形成一系列的培训制度和课程体系。学校建立了三级带教制，年级组带教——师傅带教——导师带教。学校成立了导师团，以指导青年教师尽快成长。在培训课程上学校设立了A、B、C、D四种课程，A为理论课程，请名师、专家作理论讲座和业务辅导；B为实践课程，请特级教师和参赛获奖者进行课堂展示；C为研究性课题，针对教改中的热点、教学中的案例进行研究分析；D为网络课程，培训教师的多媒体课件制作、网页制作，从网上获取教育信息等。

"科研兴校、科研兴教、科研兴师"，让科研实实在在地成为学校发展的助推力。一师附小在科研方面也颇具特色。在校内建立了以国家级、市级课题为龙头，以区级课题促校级课题的科研体系，形成了市区校的科研立体网络。学校坚持科研与教研相结合，子课题的研究落实到教研组和年级组，形成科研带教研，科研促教研的优势。学校形成了由专家、领导、教师组成的科研群体。教师在课题的选项立项、收集信息、设计方案、实践研究、总结提炼等方面都经深入探讨、认真分析，使教师的理论水平和实践能力两翼并举。

学校定期组织科研讲座，请专家介绍教改的新动态。每学期举办课题发布会、结题报告会、成果展示会，设立科研论坛，并在网上建立"科研信息发布室"，设立教师论文库、个案库，达到网络资源共享。

学校每学期都举行教学汇报活动，每年"五四"都设立教学年会，将优秀课和科研成果公开展示，同时还承担市、区、校各级公开课，为青年骨干教师提供展示教学才能的机会。学校每年进行"3+1+1"的教学基本功考核，即三项专长+一项特长+电脑操作(课件设计、个人网页等)。每位教师将自己的专长与特长向全校教师展示，出现了百花齐放、百艺齐观的动人场面。过去教师的"三笔一画"基本功已远远不能跟上时代的迅猛发展。计算机操作、英语等已成为教师新的基本功。

“拓展+探究”的课程结构

上海在二期课改中提出，课程结构由基础型课程、拓展型课程和探究型课程构成。基础型课程以培养学生的学习能力和方法为主；拓展型课程以拓宽学生的学习领域、丰富信息量为主；探究型课程以培养学生探究实践能力和创造性思维为重点。目前，基础性学力、发展性学力、创造性学力已构成新的学力观。拓展和探究型课程的设置有利于培养学生的探究热情和能力，开发学生的创造潜能，让学校成为探究的“乐园”。

一师附小在课程设置上主要有以下四点特色：一是适应知识经济、政治经济国际化的发展需要，探索双语教学。即用英语进行其他学科的教学，这也是适应国际化大都市对教育的特殊需求。二是信息技术教育和网络教育的领先。未来教育=人脑+电脑+网络。为了给学生提供广阔的学习空间，满足学生独立学习和社会需要，学校运用现代信息技术教育，发挥网络优势，构建一个家长、学校、社会三位一体的教育平台。一师附小在一年级就开设了语文电脑课、数学电脑课，五年级开设多媒体、数据库、网页等课程。五年级毕业生就可以报考上海市计算机初级考试。学校还开设学习型网站，利用校园网为学生提供广泛的学习空间，学校还设立了电子阅览室，供师生广泛获取信息，达到资源共享。三是IT课的设置。可以说是上海教育的独创，课堂上学生根据教师要求，自己动脑编制程序，让机器人按编制的命令做各种动作，有利于学生思维的训练。四是学生进行探究性学习。探究型课程以主题性探究活动为基本教材内容，探究性学习可以让学生从学科知识、校园环境、社会生活等各个渠道留心观察并发现问题，再通过不同形式寻求答案。这是学习方式的重大转变，它具有如下特点：

开放性——从书本学习走向生活学习；
自主性——从被动学习走向主动学习；
非预设性——从系统学习走向随机学习；

选择性——从整齐划一走向自由选择；
实践性——从纸上谈兵走向亲身实践；
合作性——从教师传授走向合作学习；
综合性——从单一学习走向综合学习。

学生在探究中的结果并不重要，重要的是培养学生的探究意识和探索精神。我认为，课程改革是学校教育改革的重要载体和突破口。学校在切合实际开发校本课程中，要注重课程的开放性、多样性和创新性，使新型课程结构有利于培养学生的发展性学力和创造性学力。

上海始终走在教育改革发展的前列，它在教育理念、课程结构、机制建设、人才培养等方面都为各地提供了鲜活生动的范例，值得我们借鉴和反思。

三、台湾之行——传统文化的传承

海峡两岸同根、同源、同文化，台湾地区基础教育与祖国大陆有相通、相似之处，但其在很多方面也有很强的个性特色。日前，我随佳木斯教育考察团对台湾地区基础教育现状进行了考察。踏上这片美丽的土地，秀美的自然风光和深厚的民族情结都令我们倍感亲切，特别是台湾地区浓厚的中华传统文化、校长的教育智慧、鲜明的办学特色，都给我们留下了深刻的印象。我们先后参访了台北市双莲国民小学和淡水高级中学，台湾地区基础教育在宏观和微观多个层面的管理特征和鲜明的办学特色，都给我留下了深刻的印象。

台湾地区的学校教育分为四个阶段：幼稚教育、国民教育（国小、国中）、高级中等教育（高级中学和高级职业学校）、高等教育（专科、独立学院、大学、研究所），其中国民教育属义务教育。台湾地区的学制是国小为6年，国中为3年，高中为3年。台湾地区的基础教育基本上分为国立、私立和宗教办学。

在初等教育方面，实施九年一贯课程，进行小班教学，班级学生人数为每班40人以下。班级学生数量的降低，使得教师有更多精力和时间照顾学生，增强师生互动的机会，进而提升学生学习成效。为有效降低班级学生数，台湾教育主管部门在《教育改革总体计划纲要》中将降低中小学班级学生人数，提升小班教学效果列入第一个行动方案。

台湾地区的教育方针是培养德、智、体、群、美全面发展的人才，改革理念以生活为中心，配合学生身心能力发展历程；尊重个性发展，激发个人潜能；培养民主素养，尊重多元文化价值；培养科学知能，适应现代生活需要。同时重视五个方面的培养：人本情怀、整合能力、民主素养、乡土与国际意识、终身学习等。

我们参观的双莲国民小学是一所六年制的公办小学，有1 300多名学生，附设幼稚园。学校提出的办学理念是“活力双莲，幸福童年”；学校的发展愿景是“提供一个优质的学习环境，让孩子欢乐成长，迈向卓越”，努力形成一种平衡开放、民主专业的学校文化。学校在课程的设置上十分尊重学校特色，一进学校大门，一个硕大的羽毛球贴在学校主教学楼上，让人很清楚地知道羽毛球是学校的鲜明特色。学校下设的组织机构与大陆相似，只是多了一个支援组织，设有教师会、家长会、校友会、志工团和松柏联谊会，这一机构主要是充分利用教师、家长、校友和社区等资源为学校的发展提供支持和帮助。我们在美丽如画的校园中看到了一幕幕老人闲谈、孩子嬉闹、学生踢球的温馨场面，让我们深切感受到学校同社区居民建立的真诚、和谐的伙伴关系。

通过考察，我们感到台湾地区基础教育的这样一些特色，对大陆基础教育的发展具有重要的启示。

首先是重视传统文化，同时又具有国际视野。

传统文化是一个国家和民族历史创造的集体记忆与精神寄托。与大陆相比，台湾地区的基础教育更加注重弘扬中华传统，强化行为熏陶，在理念上更注重古今中外结合，兼容东西方文明。

台湾地区的整个基础教育，从教材到教学设施，所有的学校都十分强调中华传统文化，在办学宗旨上，十分突出“复兴中华文化，弘扬中庸之道”。台湾地区教师都有良好的人文修养，课程中传统文化的成分较大。双莲国民小学的校园中处处可见学生的书法作品，一撇一捺显示着学生的深厚功底，字里行间体现着浓浓的民族情结。廊柱上张贴有学生的陶瓷绘画作品和学校开办的民乐队，体现了学校“传承文明，凸显人文”的民族文化氛围。

台湾地区在基础教育阶段也极力推行开放式教育。开放式教育已成为当今世界教育思潮的主流。台湾地区自1996年开始有系统地推动开放教育，较具代表性的有幼稚园与小学低年级教学衔接实验、田园教学实验、教学评量改进实验及开办现代教育实验班。开放教育的理念不仅体现在有自由而适性的开放空间，没有固定的课桌椅，弹性的课表等外在的表现形式上，在具体的教育模式和教育手段上也得到了充分运用，如以学生为学习的中心，鼓励学生主动学习的态度，而且重视师生间的互动与沟通，进而建立师生间交流的开放系统等。

其次是课程设置灵活，办学特色鲜明。

新课程改革使台湾中小学的课程设置呈现出多元化的特点，各类学校的课程主要包括：一般课程、特色课程、艺术课程、体育课程。小学课程主要有：国语、社会、乡土语言、音乐、美术、体育、数学、自然、英语、电脑、田园教学、观察与描述、图书馆应用、班级活动等。从小学来看，教材设计很活泼，符合学生的年龄特点；知识结构比较浅显，课时安排比较轻松。学校还可根据本校实际，设置各不相同的特色课程。双莲国民小学办学特色非常鲜明，羽毛球是该校的一大特色，学校设有羽毛球馆，将羽毛球课纳入必修课，每个学生都掌握一定的羽毛球技能。学校建有羽毛球队，每年都会参加各类比赛，均取得佳绩。台湾地区非常关注学生个性发展，学校会根据本校的实际情况和学生特点，开设许多选修课，让学生参加各种社团活动，学校会派专人进行集体辅导或个别辅导，使每个学生的特长得到充分的培养和张扬。双莲国民小学成立了一百多个社团，有管弦乐队、民乐队、合唱队、羽毛球队、游泳队、围棋队、漫画组、陶艺组等，丰富的课程和活动为学生充分张扬个性、展示自己的天赋才能提供了良好的平台。

再次是教师素质精良，注重专业成长。

台湾地区各级学校师生比为小学1：19，中学1：16。中小学教师的学历明显高于大陆。中小学教师一般是师范院校本科毕业生，非师范本科毕业生必须选修心理学、教育学并获得合格证书。中学教师有30%以上具有硕士学位。每年由指定的考试机构组织教师进行资格考试。拿到资格证后，才能到所需要的学校竞争上岗。台湾地区的中小学校长也须通过考试获得资格，然后持资格证竞争上岗。双莲国民小学的校长学历是博士后，而且是大学的兼职教师，真正实现了高学历、高水平、懂理论、重实践，我们相信，有这样高素质的校长必然能够带出一所高质量的学校。

台湾地区中小学教师没有职称，工资采取年薪制，表现好、有成绩还可以享受奖励。政府和社会采取多种形式对学校、校长、教师、职工进行表彰和奖励。虽然教师还没有采取聘任制，但教师队伍比较稳定。台湾地区有比较完善的教师研习进修制度。教师进修培训一般有三种形式：一是学校培训，类似于我们的校本培训，如部分学校规定每周三下午为教师专门培训时间；二是参加教师研习中心培训，它是各级学校教师及行政人员一个永久性的在职研习场所，承担各级学校教师的研究、研习、辅导及咨询服务，进行课程、教学方法、教材教具和教学资源的研发工作；三是参加网络培训，教师通过网上学习平台参加培训。台湾地区对教师的继续教育有严格的规定和考核，促使教师积极参加研修，适应新课程改革的要求。同时因为社会、家长和学校都对教师有较高的专业要求，教师自主进修，自我提高，积极参与的培训热情很高，已经形成了“专题、自主、参与”的全员培训的良性循环。

此次考察，我们收获很多。台湾地区尊儒重教、重视人文的风尚，以人为本、张扬个性的做法，以及教师寻求专业发展的积极热情和主动姿态都让我们感慨万分，引发我们的深入思考。

首先是弘扬中华文化，凸显民族传统。台湾地区基础教育浸润在凸现人文情怀的传统文化中，人文气息浓厚，在继承和发扬优秀传统文化上的做法可圈可点。反观大陆的很多学校，却没有充分重视传统文化的教育，存在着一些学生不懂最基本的传统礼仪，不会正确规范地书写汉字等现象。我们应该学习台湾地区“重视传统、凸显人文”的教育理念，加强民族传统文化的弘扬与传承。在实际工作中应该坚持以活动为载体，开展丰富多彩的传承中华文化教育活动，如国学经典诵读比赛、国学进社区、国学演出、诗歌朗诵会、精品赏析会、国学知识竞赛等，把国学教育和德育、学科教学、校风学风建设相结合，打造国学教育特色。通过观察、参与、感受、体验等，激发学生对传统文化的浓厚兴趣，让学生在传统文化的滋养中陶冶高雅情操，培育民族精神。

其次是坚持以人为本，推进课程改革。建议学习台湾地区“多元课程张扬个性”的课改经验，深入实施课程改革，重视学生个性成长。遵循教育规律和人的成长规律，面向全体学生，尊重学生，关注学生，注重个性发展和可持续发展，使学生各方面的潜能得到开发。我们要加强特色课程的开发，形成百花齐放、生动活泼的多元化课程体系。在兼顾学生发展需要和教师开发课程的能力前提下，鼓励开发与国际接轨、有传统特色、学校特色和生活气息的课程，实现课程的多元化和特色化，让学生在学到知识的同时，增强实践能力和社会竞争力，提高文化修养和道德水准，培养良好的艺术修养和生活趣味，为学生的终身幸福奠定基础。

我们要更重视学生综合能力的培养，鼓励问题式、开放式的教学模式，为学生营造一个宽松、自由、愉悦的学习环境，激发学习兴趣和潜能。不仅仅关注学生活动、探索的结果，更要在学生活动和探索的过程中激发、引导和培养学生的创新精神，提高他们的实践能力。改革学生学业评价体系，加大形成性学业评价力度，建立以减压、高效为主导的阶段性学业评价办法，引领学生主动学习、有效学习，促进学生全面、和谐、富有个性地发展。

再次是培育国际视野，推进教育国际化。我们应该学习台湾地区开放式的教育思想，大力开展国际交流与合作。大陆基础教育要拓展国际交流合作空间，加强与国外基础教育的沟通与合作，包括缔结友好学校，选派师生赴海外交流，接待海外学生来访，组织中外学生同台演出、联谊参观等，通过多渠道、多形式开展教育交流，增强国际化教育意识。鼓励学校主动引进国际教育合作项目，开设国际教育课程，在现有基础上，缔结姊妹校选取一两所中学建立国际部，与国内外知名教育机构联合举办国际课程班等。

最后是注重教师培训，形成教师发展梯队。积极借鉴台湾地区基础教育“注重培训”的经验，不断创新和完善教师的培训、考核和激励机制，提高教师专业发展的自觉性和主动性。在培训中要从教师的实际状况出发，要尽量体现各学科、各学段的培训特点，提高培训的针对性和实效性。不断完善“教研、科研、培训三位一体”的培训机制，可设立“教师论坛”、“班主任论坛”、“教育行动研究”、“素养大赛”等形式的专题培训和活动，提高教师综合素养。要建立科学的激励机制，调动教师积极性，促进专业成长。要搭建各类锻炼和展示的平台，积极打造教育家型校长、专家型校长、明星校长和骨干校长的校长队伍建设，建设以首席教师、学科带头人、名师、骨干教师为阶梯的教师培养梯队，为教育发展提供有力的人才支撑。

虽然台湾地区教育有其特定的历史背景和发展轨迹，但是其开放的国际视野与深厚的中华传统文化的完美融合是值得大陆教育界同人深深思考和学习借鉴的。

四、韩国之行——真正全民的教育

韩国属于中等发达国家。在访问交流中，我们深切地感受到韩国在地理位置、历史文化、生活习俗等许多方面都与中国有很深的渊源和相似之处，也进一步了解到韩国人民对中国文化的尊重，感受到韩国学校希望与中国学校交流合作的诚意和愿望。我们先后参观了中和初等学校和新县中学，两所学校严密的管理机制、完备的设施建设、独特的课程设置与和谐的校园文化给我们留下了深刻的印象。中和初等学校校长在亲切接见校长访问团时高兴地表示：“见到来自中国佳木斯的各位校长很高兴，希望与中国的学校开展交流与合作。”

中和初等学校位于韩国首都首尔，是一所公办学校，建校于1964年，设有6个年级，现有学生近1 600人。新县中学也是一所公办学校，共有3个年级，1 045名学生。两所学校的校园建设规划科学、布局合理，已形成风格，进入到提高完善的稳定发展期。校园绿化很好，注重环境育人和与自然的和谐，校园功能完备，设施科学，同时又体现了综合性。

让教育成为孩子们的一种享受，这是我们韩国教育之行的最大感受。“教育不光是让孩子们变得优秀，更重要的是让孩子们体验到快乐”、“最好的教育，就是学生在快乐中成长”。我们参观学校，走进校园，走近师生，令这种感受最为深刻。学校在时间安排上，上午9点到下午3点半，6.5个小时，上课用3个小时，活动3个多小时。放学以后时间全都是学生自由支配，或者选择在老师指导下参加各种活动。学生负担非常轻，感受不到来自学习方面的压力。课堂的组织形式很轻松，学生们或坐或站，很自然；时而写画、时而观察、时而活动，时而游戏和玩玩跳跳，成为课堂教与学的主要形式，孩子非常喜欢上课。课后没有什么大量的作业。但有一堂礼仪课给我很深的印象，孩子们穿着民族服装，认认真真地学习韩国传统的行礼姿势，一举手、一投足都体现出这个国家对传统文化的重视与传承，韩国的传统礼仪给全世界都留下了深刻的印象。

从学校设施上看，学校没有特别气派的教学楼，校园就是一个普普通通的建筑设施，学习就是生活中平平常常的一件事，不张扬，不神圣。从外观上让孩子走进校园没有神圣感、压力感，学校就是生活、学习的乐园。学校的环境布置能充分展示学生的学习、活动和兴趣。教室、教学楼走廊，甚至是餐厅、多功能室，到处都是学生手工制作、学习成果、参加活动等的照片、作品等，真正做到了让每一面墙壁都说话，孩子整天都沉浸在成果、成功的幸福当中。在小学里，孩子们感受不到来自考试的压力。评价主要以纵向为主，不进行横向比较，更没有班级排名，“我进步了吗”是孩子们所关心的，孩子也会为在一次次的评价过程中看到自己的不断进步而幸福，也会为看到自己的不断收获而快乐。

从教学内容上看，主要围绕生活实际，围绕孩子们熟悉的事物作展开、延伸。教学内容单元化、主题化成了他们在教学活动安排上的一个显著特点，对小学生学业应该达到的标准要求不是很高，尤其是他们对知识性学习内容方面的要求，留下了大量的时间让学生观察生活、培养兴趣、张扬个性、发展能力。

从教学手段上看，他们有效地利用和发挥全科教学的优势。他们的课程设置虽然也有分科，但界限并不明显。韩国的小学老师在教学时做到学科整合、知识整合，展现在孩子们面前的教师是一个活生生的具有综合素养的人，而不是“语文老师”或“数学老师”。学科的融合与协调，让孩子们在老师那儿得到的是综合的知能和创造性思维方式。

韩国政府真正地实现了义务教育，也真正地实现了政府办教育。政府下放权力、地方提供保障、学校自主办学、家长主动协作成为其主要管理和运行方式。而这些特征恰恰是现代学校管理制度的核心内涵。学校管理非常自主，有自己的管理委员会，校管会负责对学校发展目标的制定、整体管理运行情况的控制，而校长则全权负责学校的日常管理，在学校资金的支配、教职工的聘用、校舍建设与维修等方面享有比较大的权力空间，特别是在学校课程的设置、课程运行与课程评价方面，享有足够的自主权。学校管理委员会参与学校的重大决策，校长独立自主地进行学校管理与教学改革，这种教育行政管理的方式对我们目前正在进行的建立现代学校制度应该说是有积极的借鉴意义。

韩国对教师也是很尊重的，教师享受公务员的待遇，校长更是达到了四级的公务员水准。韩国十分重视对教师及教育行政管理人员的岗位培训工作。岗位培训大体分四类：资格培训，为教师晋升获得积分；一般性培训，用以扩展教师在教育理论和实践方面的整体知识；调整性培训，专为新教师而设，使之尽快熟悉本职工作；提高性培训，为在岗教师而设，使之更好地完成本职工作。

韩国的家长和世界上所有家长一样，同样重视孩子的教育，他们积极参加家长委员会和妈妈会，共同参与学校的管理。家长并不把做对多少题目、考试得多少分放在关注孩子成长的第一位。

从韩国教育来把脉我们的教育问题，思考教育的发展有以下几个方面。

“我们的国家还没有真正发展起来，现在没有一所大学能够培养有创新的人才来，教育的问题不小哦。”这是温家宝总理看望著名科学家钱学森同志时，钱老多次跟他说过的话。温家宝总理于 2009 年教师节在北京35中考察时也说：“新中国成立60年来，我国教育事业有了很大的发展，但是，必须清醒地看到，我国教育还不适应经济社会发展的形势，不适应国家对人才培养的要求。”“教育必须树立先进的教育理念，冲破传统观念和体制的束缚，在办学体制、教学内容、教育方法、评价方式等多方面进行大胆探索和改革。”

我国的教育事业现在到了一个前所未有的发展时期。国家提出了“科教兴国”和“优先发展教育”的战略构想。国家出台了《国家中长期教育改革和发展规划纲要》，描绘了今后教育发展的宏伟蓝图。国家不断加大教育投入，大力发展学前教育，重视基础教育等，都为我们做好教育提供了有力的政策保障。

首先，要重视民族传统文化的教育。我国的历史源远流长，形成了厚重、深远的传统文化。韩国特别重视本民族的文化传承，而我们现在的教育却恰恰相反，把中华民族最宝贵的传统文化给忽视了，甚至在抛弃！学生的礼仪教育大大缺失，文明程度远不尽如人意。据说在国外，在一些场所单单用汉字标明：禁止随地吐痰！我想，任何一个中国人都会脸红！我们要加强学生的礼仪教育，有可能也上专门的传统礼仪课。在学校中尽可能开设经典国学和民族文化课程，比如，书法、民族乐器、茶道、民族饮食等。利用传统节日，让学生研究节日的由来和习俗特点，感受节日的独特风格。我们要把老祖宗留给我们的经典传承下去。因为，我们有这个责任！

其次，要重视民族精神的培养。这当然不是搞民族崇拜，而是要培养一种民族气节。作为一个小国，韩国的民族精神世界闻名。看一看，韩国街道上行驶的都是本国产的现代轿车，很少看到国外的汽车；世界赛场上，韩国运动员永不服输，令人钦佩，这当然不是吹捧，这恰恰体现了他们国家的民族精神。所以，我们必须培养我们的民族精神。中华民族几千年形成的勇敢坚强、不屈不挠、拼搏向上的民族精神是我们宝贵的精神财富。作为教育者，有责任培养孩子的意志品质，坚忍不拔的精神，让他们勇于承担责任，保留我们的民族气节。要充分利用好升旗仪式、国庆节、“七一”等开展主题活动，对学生进行民族情感教育。

再次，创设一个有利于学生健康成长的教育环境。教育的一切都要从“人”的角度出发。当代教育家朱永新教授认为：教育最重要的任务是塑造美好的人性，培养美好的人格，使学生拥有美好的人生。美好的人性，应该从幸福的童年开始。人的一生其实是围绕童年展开的，把童心和童年还给孩子，这是教育的基本要求。

我们要真正从学生的情感、价值取向和兴趣爱好出发，开设生动有趣的课程，开展丰富多彩的活动，创设轻松愉快的氛围，减轻学生负担，减少学生压力，更多地关注学生的心理健康，让他们快乐成长。而不是整天陷入分数和题海战术中，还学生一个快乐、健康、幸福的童年。

当然，韩国教育的不足也是存在的，但我们的目的不是停留在别人的短处上，而是要找出自身存在的短板，从而更好地发展、完善和提高自我。我们坚信，只要我们热爱孩子、热爱教育，就能把我们的教育做得更好。

附录：云环教师们的思考

——实践的升华，心灵的感悟

一、教师素养：师德如水

师德如水

丁兆勇

老子《道德经》曰："上善若水。水善利万物而不争；处众人之所恶，故几于道。居善地，心善渊，与善仁，言善信，政善治，事善能，动善时。夫唯不争，故无尤。"

先哲的精辟论述向我们阐明这样一个道理：至善为人的最高境界像水。心修上善之人，居住要像水那样安于卑下；存心要像水那样沉静；交友要像水那样亲和；言语要像水那样真诚；为政要像水那样有条有理、因势利导；办事要像水那样无所不能、随方且圆；行为要像水那样待机而动、后续勃发。

从教多年，感到老师的品格更应像水，水的魅力正是高尚师德的体现，是中华教育代代相传的精髓。

教师要耐得住寂寞，甘守清贫，立足本行业，呆在自己应该呆的地方，心要像深潭一样清澈平静，不受外界环境所扰，将一颗心修炼得像磐石一样稳固，这是一种价值取向——"居善地，心善渊"。

教师每天都与孩子相处，要心存友善，面对所有学生都要公平、公正。无论家境好与不好，学习好与不好，是不是淘气，家长是不是积极协作，对学生都要一视同仁，做到“有教无类”。

以身作则，讲信用，要求学生做的，自己要先做到。给学生讲的知识要准确，不能有丝毫马虎。还要用业绩去说话，教育成果学校要看，家长要看，同事要看，这就是先哲讲的“与善仁，言善信，政善治”。

要能够把握好教育的时机，从实际出发，实施最有效的教育，因势利导——“事善能，动善时”。

教师还要胸怀宽广，能够理解、宽容学生的过错，妥善解决问题，不与学生发生冲突，特别是现今中国大多孩子是独生子女，家长对孩子期望值很高，娇宠溺爱，容不得老师用过激的方法对孩子施教，所以老师就要有水的“处众人之所恶”来从事教育工作。能够创造性地运用“春风化雨，润物无声”的教育艺术，进行心灵的沟通，优化教育的观念与方法，能无私奉献——“利万物而不争”。

水的品格一是柔，二是停留在卑下的地方，三是滋润万物而不与争。最完善的人格也应该具有这种心态与行为，何况是教师呢。一句话，“水的载歌载舞”就是指有“上善若水”的厚德，能够放下“师道尊严”的架子，与学生平等相处，共享教育的苦与乐。教师的教若柔美的水，学生便会如鱼得水地获得智慧的良知。

敬业·乐业·勤业

——谈谈市场经济体制下的教师职业道德

韩冬梅

当华夏之邦经济改革的大潮剧烈涌动的时候，我国社会道德领域正受到前所未有的挑战。在经济转型期，人们的价值主体意识普遍觉醒，使得价值取向从单一化走向了多样化，从虚幻走向务实。

许多传统道德信条、伦理、规范被无情打碎，在新的道德规范、道德主体正在完善确立的情况下，人们对道德目标和行为的选择感到迷茫。与此同时，不良思想的“沙尘暴”正侵蚀着中华民族的精神和心灵，一向被视为净土的科技界和教育界也出现了混乱，教师的道德水平亦随之呈下滑态势。

要办好市场经济体制下的教育，就要采取有效措施，澄清和批判某些错误认识或想法，明确和强调教师职业道德要求，使每位教师真正有牢固的“敬业”思想、坚定的“乐业”信念和顽强的“勤业”精神。这是新时代的迫切要求和呼唤，也是我们小学教师唯一正确的选择。

一、淡泊名利，弘扬奉献，牢固“敬业”思想

我国仍处在社会主义初级阶段。自改革开放以来，全民的物质生活水平有了很大提高，“一部分人”的确先富了起来，把私人欲望当作消极事物加以否定和限制的传统道德观，已完全不适用于市场经济的需要，义利并重的价值取向中，自主、自立、自信、自强的价值主体冲破了传统陈旧的价值观束缚，这是社会文明和进步的表现。

但是，由于某些腐朽没落的价值观沉渣泛起，社会的市场机制和法律规范又缺乏合理性，因此，受“一切向钱看”的利己主义观念和个人至上的价值观念的影响，一些教师对教育事业和教师职业的认识发生了动摇，认为教师工作太辛苦，教师的劳动和工资待遇等方面达不到平衡，既得不到令人羡慕的荣誉，又缺少物质财富，没有舒适、安逸的生活，教师应有的事业心和责任心随之发生了动摇。有的教师在社会的巨大变化和现实的压力下，精神不振，无所作为，没有前进的动力，“敬业”思想不牢固，甚至荡然无存。

全社会对市场经济中的拜金主义思潮，应予以扼制和打击，因为拜金主义与我们历来提倡的奉献精神格格不入。拜金主义如果兴风作浪，奉献精神就无法抬头，教师的“敬业”思想就无法树立。在市场经济大潮中，批判拜金主义、发扬奉献精神，有助于规范人际关系、净化社会风气、提高职业道德水平。中小学教师既然选择了教师这一职业，就要热爱这个职业——无私奉献仍然是我国教师

精神风貌的主旋律，教师只有甘于奉献，才能具有牢固的“敬业”思想，因此，教师必须与拜金主义作长期的斗争。时代在前进，教育肩负的责任越来越重，教师还是要敬重既定的“太阳底下最神圣的职业”这一崇高的职业信条，金钱即使“万能”，也无法与教师这个职业相比的，因为“教师的职业是一种责任最重大，最光荣的职业。这个道德的作用和意义必将日益增加和提高”（《克鲁普斯卡雅教育文选》第623页）。

当然，我们应该反对那种只提倡教师奉献、牺牲，却否定教师追求正当的物质生活和精神生活的错误思想。要处理好教师自身和教育事业的关系，在重视教师个人的正当利益，维护教师个人的尊严、价值和权利的同时，大力倡导和弘扬奉献精神。

二、美化境界，追求崇高，坚定“乐业”信念

正像自然界需要生态平衡一样，精神界也需要“心态”平衡，既需要有“务实”的思想，也需要有超拔“务虚”的思想。正因为两方面都存在，才形成了对立面，产生了张力场，现实生活中人的精神生活都要在这一张力场中。在人类的精神坐标上，代表精神追求的思想，在水平的维度上，处在超前的位置上，可以产生强大的吸引力，吸引人们向着理想境界前进。

人有自我意识，将自己同外界区分；人有价值观念，在“务实”和“务虚”的张力场中“挣扎”。其实，教师是无法用金钱的多少来衡量自身价值的高低的，教师的教育所产生的作用对学生的影响将是一生一世的，“人的命运决定于教育”（别林斯基语）。在任何时代“教师所奉行的宗旨在于培养人类德行”（第斯多惠语），教师那种用金钱买不到的思想境界或优秀道德价值的具体表现就是“安贫乐教”，“穷亦善其心”。谁都必须承认，教师职业非常清苦，这个职业从来没有给任何教师带来物质上的富有。尽管如此，我们的教师仍矢志不渝，“教海无涯苦作舟”，在育人的田野里辛勤地耕耘。

人是属于一定社会的，人的思想品德是在一定的社会关系中形成和发展的，师德的形成过程，无时无刻不受到社会各方面的影响。在市场经济中，许多人“下海”、做生意、炒股票，一些人有了丰厚的回报。教师的职业在前几年不但不受人羡慕，反而遭冷遇。有相

当一部分教师，精神和现实之间形成了剧烈的心理冲突，从众的价值取向与个人的价值需要之间产生了碰撞，于是有的教师在工作中无可奈何，只好凭良心教书，难以乐在其中。开始不“乐教”——从“教海”游到“商海”，感受“淘金”的无限美好。近年来，随着市场经济的发展，社会对教育的期盼和重视增大，国家对基础教育的经济投入逐年增多，教师的生活待遇逐年提高，有些人又津津“乐教”、“乐业”——这种“乐”不是“务虚”，是“乐实”，他们利用学生及家长渴求成才的心理，乱收费，乱办班，教师务实的成果是腰包鼓起来了，还美其名曰：取之有道。

我们要清醒地认识到：从某种角度看，教育确实正逐步发展成为产业，各类人才和科技成果就是它的“产值”和“利润”。学校实质上与企事业、商场一样，能创造出无法计算的价值来。“教海”无边，价值也无量，教师其实也无时不在这“海中”拼搏，只不过没有挤到“商海”中而已。然而，学校不是企业，更不是商场，其投入是明显的，收入是隐性的。作为教师应该懂得教育的自身特点，不被错误或失实的舆论所左右，要站得高一些，看得远一点儿，要坚信具有中国特色的教育机制、教育理论会很快形成。

希腊哲学家亚里士多德曾说：“德行是适度的形式。”我们在追求“利欲”的同时，更要重“义理”。“君子以厚德载物”，作为知识播种者的教师还是要追求一些崇高，“淡泊名利”，忠于职守，以教为乐。

三、求实进取，参与竞争，顽强“勤业”精神

竞争是价值规律的市场表现，在市场经济条件下，如果忽视价值规律的调节作用，人为地排斥竞争，那就会给经济生活带来消极影响。教育是一个特殊的市场，也不能没有竞争。现在，名校更强，差校更差，校际间的竞争、学校内部的竞争，进行得相当激烈。许多学校人事制度、工资制度和职称评定制度的建立，为教育机制的转换起到了强有力的推动作用。每位教师都应该审时度势、把握契机、顺应潮流，在“敬业”、“乐业”的基础上，从点滴做起，从小事做起，以求真务实的态度，培养进取心、毅力和大胆创新的精神。

目前，市场经济竞争体制已为教师开辟了施展才华的广阔天地，

而现在有的人却认为社会主义教育还没有真正到竞争的时候，甚至对竞争中出现的私人办学感到怀疑，甚至产生人为限制竞争的现象，出工不出力、事事讲均等、吃教育“大锅饭”等现象依然非常严重；有人对竞争缺乏正确的认识，觉得竞争就是自己与自己过不去，或竞争就是为了挣钱，就是你我争高低。因此，有人闹情绪，搞分裂，同志之间伤和气；有人为评定职称、提高考试成绩，弄虚作假，改卷子、打小抄、买文凭，采取不正当手段争个你死我活，不能营造一个良好竞争的氛围和心境。教育的竞争是人才的竞争，它不分国界，没有区域，虽然不强调“阳光下的利润，温和的金钱关系”，但是，也不至于你好我也好，干与不干一个样，“财富”绝对均等，在各自“王国”里“论资排辈、靠年头吃饭”。教育不可能游离于市场经济之外。在一片“安定、祥和”声中，教育就不可能得到发展，教师必须参与竞争，这已是历史的必然和时代的要求。明白了这个道理，我们教师都要积极行动起来，增强事业的责任心和工作的紧迫感。能否在竞争中取胜，有无“勤业”精神是关键。成功的火花在勤奋中迸发，希望的泉水在等待中干涸，教师如果与“勤”字无缘，在与世无争中等待，那就会在竞争中消沉或被淘汰，竞争离不开“勤业”精神。

在市场经济大潮中，“勤业”的主要表现是“学而不厌，诲人不倦”，一心扑在教育事业上，长年累月默默耕耘，把自己的一颗心交给每一个学生，也正像陶行知所说的那样：“要学生做事，教职员躬亲共做；要学生学的知识，教职员躬亲共学；要学生守的规则，教职员躬亲共守。”（《陶行知文集》第59页）这才是高尚师德情感的具体表现。一个教师应该具有顽强的毅力、百折不挠的精神。人生如戏，演得好便被喝彩，教师如果没有“勤业”精神就演不出好戏，就不可能置身于一片喝彩声中。教师就是要尽心竭力地履行自己的职责，在讲坛上开拓奋进，把整个身心献给太阳底下最光辉的事业。

教师的“敬业”思想、“乐业”信念和“勤业”精神到任何时候都不能动摇和改变。这种要求，对每位教师来说，确实是一次人生价值的考试。

唐僧的教育智慧

丁兆勇

中国四大古典名著之一《西游记》可谓家喻户晓，妇孺皆知，即使没看过原著也读过小人书或看过电视剧。据说《西游记》是世界上重播次数最多的电视剧，不但中国人爱看，连外国人都爱看。不同年龄、不同职业的人看《西游记》会有不同的乐趣，小孩看滑稽搞笑，大人看超脱现实，从事教育职业的人从中也能得到有益的领悟，因为唐僧师徒四人就是一个小班制的班级，唐僧也是一个出色的“转差”名师。

试想唐僧从小在寺院里长大，接受佛家教育培养，年纪轻轻就成为长安有名的传道僧人，如果放到现在他至少也是个经常讲公开课的名师，是教师中的“大腕”了，要不然观音菩萨也不会将三个犯了错误的学生交给他来教育。特别是孙悟空，从石头缝里蹦出来，聪明敏锐却不谙世事，经常做出格的举动，在须菩提祖师那学了一些本事后更是忘乎所以，大闹天宫不说还把玉帝赶到桌下，犯下这样大逆不道的罪过被罚压在五行山下也是应该的；猪八戒调戏妇女，而且是老板喜欢的女人，于是被贬下界；沙僧还算是个好学生，老实本分不擅沟通，在天庭惹祸打碎名贵文物也不是小错。但经过十四年的西天取经路，三个学生都改过自新修成正果不能不说唐僧是有功劳的。

那么唐僧这位名师有什么高招教化他的三个徒弟呢？

唐僧是“长征”式苦行教育的践行者，2006 年中央电视台组织纪念长征胜利 70 周年“重走长征路”活动，最多也不过走二万五千里，参与者备受教育。而唐僧师徒四个走了十万八千里，历时十四年，不可谓不苦，不可谓不累，用的就是这种劳筋骨苦心志的教育策略。轰动一时的淮安“行走”教育跟唐僧比起来简直是小巫见大巫，唐僧才是行走教育的创始者，唐僧没有把学生关在屋里读死书，死读书，整天做卷子参加考试，而是把学生送回大自然，因为他认为行万里路就相当于读万卷书。

唐僧是终身学习的典范，唐僧从小爱读书，即使当上老师也手不释卷，有几次正是在聚精会神地读书时被妖精抓走。按说唐僧已是得道高僧，经卷内容已烂熟于心，可还是爱读书，因为他知道学无止境，如果不继续学习迟早会被社会淘汰。他主动申请往西天取经，到外国深造，他的好学精神打动了唐皇，于是派唐僧公费出国留学，还与唐皇结为异姓兄弟，这等礼遇可不是谁都有的。唐僧擅长辩论，在与妖怪化身的道人辩论中有理有据，言辞凿凿，说明他博览群书知识丰富，而且有坚定的信念捍卫自己的信仰。当老师就要学习唐僧那样好学精神，时刻感到知识危机，做永不落伍的老师。

唐僧具有因材施教的先进思想，唐僧知道知人善任，大徒弟孙悟空本领高强，在需要冲锋陷阵时首先想到的是孙悟空，探路化斋都由孙悟空承包，但他冲动鲁莽，不太听话，于是唐僧就用紧箍咒来约束他。二徒弟猪八戒意志不坚定，好吃懒做，唐僧用的是赏识教育，时刻把他放在身边，关心他并从心里喜欢他。沙僧老实谨慎，为人诚恳厚道，任劳任怨，于是唐僧就让他挑担子，知道他不会丢三落四，不会怀有二心。

唐僧是举止文雅的绅士，从小接受良好的教育，少年老成，举止稳重，为人低调，长相标致，具有书生气，谈吐文雅，从不说脏话，即使多次被妖怪抓走险些送命也没有多说一句气愤辱骂的话。三个徒弟受他的熏陶做起了文明人，在几次进入别国宫廷，遇见国王大臣时都表现得举止得体，进退有度，孙悟空为国王诊病，猪八戒撞天婚，都表现得很有知识、很有涵养。

唐僧不放弃任何一名学生，孙悟空经常惹事，三打白骨精时唐僧曾两次原谅他，即使最后一次驱赶他，用紧箍咒咒他，心里也是不忍的，实在是超过他的心理底线了，才决定放弃。但唐僧明白过来后还是把孙悟空留了下来，避免流失在社会中，给社会造成危害，也成就了孙悟空日后的正果。

唐僧有些做法也有不尽如人意的地方，如时常说教、古板、不会武功、做事一根筋等，即使是一些长处也很难得到现代学生的认可。但我们不能不承认唐僧是个好老师，我们应学习他的过人之处，让我们的学生都能修成“正果”，而不是误人子弟一辈子。

一分耕耘一分收获

李远洋

老师是多么亲切的称呼，每当听到孩子们亲切地叫一声“老师”，我的心里就无比温暖，也感受到了孩子们浓浓的情，那么我们教师如何把深深的爱传递给孩子们？作为新时代的教师，我们要当好学生学习的组织者和引导者、文化知识的传承者、学生的引路人！我们的工作，影响着每一个学生在德、智、体各方面的健康成长，影响着他们一生的生活道路。我作为一名教师，既感到自豪又感到任务的艰巨。小学是学生的启蒙教育阶段，对他们一生起着重要的作用，因此，我们小学教师在承担教学任务的同时，更应该做好育人工作。

记得一位教育专家说过，人们在同一年龄对同一知识的学习能力是不一样的，有早晚之分，也有快慢之分，从而形成自己的学习曲线，一个人如果在短时间内提高成绩，并不是件难事，但要想改变一个人的行为习惯，改变一个人的思想则是难上加难，所以在学生的启蒙教育阶段，在学生形成人生观、价值观的过程中，一定要把德育工作放在首位，并且方方面面、时时刻刻地贯穿在每一个孩子成长的过程中，让德育工作无时不有，无处不在。让我们的孩子迈好人生的第一步，让未来的社会多一份安定和谐。

法国大作家雨果说，世界上最广阔的是海洋，比海洋更宽阔的是天空，比天空更广阔的是人的灵魂。教师要做好学生灵魂的工程师，首先要有高尚的道德情操，才能以德治教，以德育人。教师要以自己的人格魅力来熏染学生的行为，为人师表，以身作则，要求学生做到的自己首先要做到。日常工作中教师不仅要用师德规范来约束自己的行为，也要把《小学生日常行为规范》纳入自己的条例，因为在教师的眼睛监督学生行为的同时，还有几十双眼睛在注视着自己，老师做事严谨的态度、一丝不苟的精神、说到做到的品质对学生其实更是一本值得研读的书。我刚接这个班的时候，班级晨读纪律一直不好，教室里总是不够安静，干什么的都有，我便试着用各种方法让学生把早晨的宝贵时间利用好，可是虽然纪律好了，学习效率却不高，仍然有同学坐着发呆、哪怕一块橡皮也能默默地玩一个早晨，这个问题困扰了我好长时间。一天，我在办公桌前学习业务，突然眼前一亮，我可以把我的讲台变成我的学习桌。从此以后，讲台上多了我的笔记、教育理论书籍，每天早晨，我不再站在讲台上监督学生，索性自己专心看书、学习，不出两天，同学们也知道拿出书来学习了，渐渐地，孩子们已经养成了习惯，不管我在不在教室，他们都会“自习”了。我突然想起一句话：身教胜于言传。看着孩子们一个个认真的小脸，心里感到真是幸福。

其实，所有的学科都应与思想品德课进行学科整合，每一个学习内容都有德育教育的体现，要向学生渗透从小热爱祖国、珍惜生活。小学教育主要是养成教育，一个人能否养成良好的行为习惯和高尚的思想品德，关键在于小学阶段的教育。学生良好的思想行为不是一朝一夕能形成的，而是通过每一件事，每一项活动，每一节课，经过长期熏陶才能形成。班主任是一个教学班的组织者和领导者，他们的工作，影响着每一个学生的健康成长。我作为班主任，更应该对学生的成长负责。为加强班级的德育工作，我在德育工作方面认真按计划进行。一直利用班会、晨会对学生进行安全教育，认真贯彻《小学生德育纲要》、《小学生日常行为规范》、《小学生守则》、《礼仪常规》、《双十教育》等对学生进行教育，让德育工作无时不有，无处不在。

一、坚持不懈抓常规训练

对学生进行常规教育和训练，严格要求，一抓到底。自从我接管这个班后，针对班上学生实际情况，利用一切有利时间加强学生习惯的培养。首先训练学生正确读书和写字的姿势，提醒他们注意习惯的培养。读书时要求全班同学都拿起书做到手到、眼到、口到、心到。只要做作业，就不停提醒纠正不良姿势。当学生起来发言时，则要求他们站端正，两眼平视前方，态度自然大方，并且说话时声音要响亮，吐词要清楚。在听的能力方面，则要求他们注意听别人说话，听清楚说话的内容，记在心中，要说得出来。这些办法对学生听的习惯养成起到了一定的促进作用。学生在课堂上读写、坐站听说的正确姿势逐步养成，养成自控能力，课堂秩序有明显好转。

二、以表扬为主，耐心教育

表扬运用得恰当，学生的积极因素就会像原子裂变一样发生连锁反应。例如，上课了，还有同学没有做好准备，如果泛泛批评，收效甚微，如果点名批评，个别学生往往幸灾乐祸；倘若对准备好的同学进行表扬，其他学生便会仿效，秩序井然。人都有自尊心，表扬有批评的作用，是不伤害学生的自尊心的批评。我常用表扬某个学生道德品质、思想行为上的积极因素去影响和克服后进学生存在的消极因素，寓批评于表扬之中。这样有利于学生之间互相学习，达到取长补短的目的。

三、为人师表，率先垂范

班主任工作是塑造学生灵魂的工作，班主任对创设良好的班集体，全面提高学生素质，陶冶学生情操，培养全面发展的人才，具有举足轻重的地位和作用。在学校里，班主任接触学生的时间最长，开展的教育活动最多，对学生的影响最大，在学生面前班主任就是一面镜子、一本书。因此，要规范学生的行为，首先要规范自己的行为；要提高学生的素质，首先要提高自身的素质。在教育工作中，真正做到为人师表，率先垂范。我作为一名班主任，在工作实践中，要求学生做到的，我首先带头做到；要求学生讲文明礼貌，我首先做到尊重每一位学生人格，从不挖苦讽刺他们；教育他们热爱劳动，我每天早上和学生一块儿打扫环境卫生和教室清洁卫生；教育学生搞好团结，我首先做到和各位教师搞好团结；和学生交知心朋友；在学习上，要求学生书写认真工整，我在板书时首先做到书写规范认真。这样，自己的一言一行已经成了一种无声的教育。教师是学生心目中的榜样，在全面推进素质教育的今天，作为教师更应提高自身素质，树立职业道德，以高尚的道德风范去影响学生，当好学生的引路人。

四、用“爱”去呵护每一位学生

“爱是教育的润滑剂”，爱是沟通教师与学生情感的纽带。通过和学生接触，我充分认识到了“爱心”在师生关系中所起的关键作用。谈到班主任的工作，我不禁想起法国作家拉封丹的一则寓言：北风和南风比试，看谁能把一个人身上的大衣吹掉。北风首先施展威力，行人为了抵御北风的侵袭，把大衣裹得紧紧的；南风则徐徐吹动，风和日暖，行人觉得暖洋洋的，开始解开纽扣接着脱掉大衣。这则寓言给了我很大的启示：“北风”、“南风”无异于班主任积极的工作方法，而“行人”也就是“学生”。我们在工作中，是用高八度的调子，盛气凌人去压服学生呢？还是用诚挚的情感去热爱、尊重、信任每一个学生呢？当然，我们都愿意选择后者，愿意做“南风”，也就是说在工作中要运用情感和爱来教育学生。

五、培养正确舆论和良好的班风

正确的舆论是一种巨大的教育力量，对班级每位成员都有约束、感染、熏陶、激励的作用。在扶正压邪、奖善惩恶的过程中，舆论具有行政命令和规章制度所不可代替的特殊作用。因此，班内要注意培养正确的集体舆论，善于引导学生对班级生活中一些现象进行讨论、评价，形成“好人好事有人夸，不良现象有人抓”的风气。有的学生不注重自己身边发生的小事，不屑于做小事。例如，放学后窗户没关就走了，大白天灯全开着却不以为然等。针对这样的情况，我组织开展了《勿以善小而不为，勿以恶小而为之》的班会，会上对小事该不该管进行了辩论，还列举同学身边发生的因小事造成的危害，最后得出结论：“千里之行，始于足下；千里之堤，溃于蚁穴。”实践证明：有了正确的舆论和良好的班风，就会无形地支配集体成员的行为和集体生活，这是一种潜移默化的教育力量。

六、做好后进生的转化工作

我们这个班，后进生的人数较多。因此，转化后进生是班主任的一项必不可少的工作。我认为要给予后进生特别的关爱。我时刻以《举手的秘密》这篇文章里的教师为榜样，做到思想不歧视，感情上不厌倦，态度上不粗暴。要用自己对后进生的一片真诚的爱心，去扣开他们的心灵之门。要善于发现他们的闪光点。例如，在课堂上不要紧紧盯着优等生，应多给后进生创造条件，鼓励他们举手发言，及时给予肯定、奖励，使他们在学习上也能充满自信。课外积极辅导，多与家长联系，争取家校联合为学生创造一个良好的学习环境，同时促进班级的整体发展。

总之，尽管教育教学工作是一项艰苦而耐心的工作，可我却乐在其中。我坚信，“一分耕耘，就有一分收获”。当我看到自己带的班级朝气蓬勃，秩序井然地向前发展时；当我看到每一名学生学有所成时，所有的辛苦与汗水都化作一股甘泉流淌于心间，且瞬时又化为强大的动力，使自己更加努力地投入到以后的工作中去，为云环小学美好的明天奉献自己的力量！

爱心是塑造学生美好心灵的一剂良方

陈聪慧

爱是一个永恒的主题，它可以激励人们积极向上，唤起人们的同情心与责任感。作为一名小学班主任，育人先得爱人，爱每一位学生。多年来的教学经验使我深深地知道，一个学生掉队，对一个班级来说没有多大损失，而对一个家庭来说，却是百分之百的希望破灭。一个富于爱心的老师远比一个知识渊博的老师更具魅力。曾有学生表示：老师尊重他们，对他们好，他们也会自觉尊重老师的劳动，十分愿意接近老师，希望与教师合作，把教师看成是父母般的亲人，他们愿意向老师袒露内心世界，分享自己的喜怒哀乐。

教育需要师爱。没有师爱的教育是不存在的。教师真诚关心和爱护学生，不仅要在思想上、学习上、生活上给予关心，还要体现到实际行动中。教师要平等地对待每一个学生，无论是成绩好的还是成绩差的，无论是家庭富裕的还是贫穷的；尊重学生人格，公平、公正、平等地对待每一位学生，融洽师生关系，让学生有一颗善良的充满感激之情的爱心。常言道：“教师是人类灵魂的工程师。”班主任的工作其实就是塑造学生心灵的工程。而塑造学生美好心灵的良方就是爱心教育。

一、让师爱流进学生的心田

师爱最为公众期待，教师应该热爱教育事业、热爱学生，主动经常地与学生沟通交流，愿意与学生成为朋友，建立起平等和谐的师生关系；遇事冷静，不随便发怒，不以威压人，处事公平合理，不抱偏见，对自己所有的学生一视同仁，树立较高的威信。我经常召开关于爱心的主题班会。在这样的班会上，我没有进行空洞的说教，而是让学生讲讲身边最让自己感动的人或事，或让学生从寻找别人的优点开始。例如，让学生实话实说，发现我们班的哪个同学的优点并具体介绍给大家听，或说说自己身上的优点及缺点。让他们多一双发现别人优点，发现自己不足的眼睛。同时也能找到自己被同学关爱，被同学欣赏的自信心。

中国有句谚语："谁也说不清哪块云彩会下雨。"而我却相信我的每一块"云彩"都会"下雨"，因为，我拥有一种特殊的教育——爱心教育。我们班有一个学生叫张宇，刚开始的时候作业总爱拖拖拉拉不做，因此考试成绩总是不尽如人意，怎么办呢？说过了，罚过了，也看着写过了，都没有多大作用。一次，在讲故事比赛中，我发现他故事讲得生动、形象，还不时加上几个小动作，逗得同学们捧腹大笑，多可爱的孩子啊！发现了他的闪光点，我知道自己该怎么做了。从这以后，我经常利用晨会讲故事，为他创设展示自我的平台。他成为班级的故事大王，同学们都很佩服他，我经常表扬他，同时，我也会悄悄地问他："作业写完了吗？要抓紧啊！"有时，他会脸红，一次，两次……渐渐地，他常常主动地跑到我身边，让我检查作业。在他的眼神中，我看到了自信和快乐，他的转变是师爱的结晶。

二、让宽容伴着学生成长

对于一个童心未泯的孩子，我们的每一次信任和宽容，都可能创造出一个新的奇迹。苏霍姆林斯基说："教师的职业意味着他放弃了个体喜怒哀乐的权利，应使自己胸怀宽广。"宽容是一种态度，是对不同于自己或传统观念的见解有耐心公正的容忍。它只需几秒钟，却很难做到。当一个学生犯错误屡教不改时；当一个后进生经过精心辅导，仍不进步时；当一个顽皮的学生给我们的工作带来麻烦，给班级抹黑时；当学生的错误损害老师的形象时……我们要心怀爱心，用宽容的态度唤起学生埋在灵魂深处的爱和良知，让他们的灵魂如沐春风，如逢甘霖，从此变得高尚纯洁。曾有一个叫王野的学生，大家都认为他是个难以挽救的家伙，成绩差不用说，上课与老师对抗，课后经常干些小偷小摸之事，还时常与同学打架，把老师的批评当耳旁风。刚接手这个班时，我了解到这一点后，便对他多了一些注意，渐渐地我发现他天天生活在争吵打骂的家庭中。父母对他的关爱极少，使他从小养成了仇视一切的不良心态。我曾多次找家长，但都不见效果。有一次，我在批改作业时，发现作业本上有血迹。我的心被震动了，一定是昨天我与家长的谈话让孩子遭受了一顿毒打。俗话说："良言一句三冬暖，恶语伤人六月寒。"老师的批评，家长的打骂，难道会达到预期的效果吗？我开始反思自己：学生的进步，心灵的完善，需要时间，需要机会。我再也不能一味求严，主观臆断，自以为是了。有人说："心灵似海，要想走进它，就要学会倾听心声。"是啊，对于这个无助、迷茫、彷徨的学生，我要拉他一把，试着去听听他的心声。从那以后，我特别关注他，关心他的生活，辅导他的学习，让他消除对我的戒心，对我产生基本的信任和好感。同时，每次犯错我都耐心地听他讲完原因，帮他分析自己的错误，并逐渐让他自省、自悟、反思自己的行为。而我则不断地鼓励他，常常用"相信你是个好孩子；再也不会犯类似的错误，对吗？相信你会明白老师的一片苦心；让爱你的人不会失望……"以爱育爱，唤起他埋在心灵深处的爱。

高尔基说过："谁爱孩子，孩子就爱谁，只有爱孩子的人才能教育好孩子。"这句话真的很受用。有一次，我正要去抬水拖地，他冲过来说："老师，我来帮你干。"我高兴地笑了，望着他远去的背影，我兴奋、激动，这不正是他的进步吗？这不正是他的闪光点吗？我不断在班级表扬他，一次，两次……他变得积极了。每节下课，他都主动承担扫除任务，打架的次数也少了。看到他进步，我决定趁热打铁，大胆地让他担任班级劳动委员工作。从此，班级卫生发生了翻天覆地的变化，他把劳动当作自己最快乐的事。上课也愿意听讲了，作业也能认真地完成了。在他的脸上我看到了灿烂的笑容。

宽容学生的不良行为是一种境界，一种教育艺术，一种智慧，更是从善良的心灵中流淌出来的一种真挚的爱的教育的源泉。宽容是一种理解，它要求教师多多反思，多替学生着想。在这个案例中，是我的宽容、信任、激励、引导，唤醒了学生潜在的意识；也是我无私的爱如春风化雨般滋润了他的心田，给顽皮的他以自信，给自卑的他以力量。因势利导，正确引导使他明白该怎么做，为什么要这样做的道理。

没有教不好的学生，只有教育方法不对的老师。每一位学生都渴望得到他人的理解和尊重，尤其是老师的理解和尊重。我们要把学生当作朋友，而不是把学生当作下级，当作可以随意训斥的无知儿。学生也有自尊，而且是很强烈的。老师对学生的批评，恰当的就是一种激励；不恰当的，就会成为一种伤害，甚至还会导致逆反心理产生。正如德国教育家第斯多惠所说："教育的艺术不在于传授知识，而在于激励、唤醒和鼓舞。"哪怕只是一次真心的微笑，一个会意的点头，也能抵得上成百次的训斥。因此，教育的过程中无私地奉献这种师爱，既是教育成功的关键，又是衡量一位教师素质的重要内容。

让我们以平等之心对待莘莘学子，以海量大度来容纳幼稚天真。因为宽容里有爱，有尊重。我想说："爱心是一把闪闪发光的金钥匙，能开启教育成功的大门，帮助学生茁壮成长。"

二、师生之间：聆听花开的声音

爱生——教育的主旋律

门吉富

教育真正的目的是教学生学会做人、做事，老师的言行则是学生（特别是小学生）最直接的榜样。作为小学教师的我们，整天面对天真无邪而又活泼的学生，怎样对待他们的喜怒哀乐，使他们能够愉快地成长，怎样走进孩子的内心世界使自己成为他们的良师益友，使他们能够尽情地沐浴爱的阳光，身心健康地茁壮成长，这是摆在教育者面前的重大课题。记得一位校长曾说过的感动过教育部部长的三句话："你爱学生吗？你会爱学生吗？学生感受到你的爱了吗？"其实，教师的内心都有一种爱孩子的渴望和行动。我坚信只要教师以身作则，尊重学生，相信学生，时时处处关爱他们，学生就一定能够在你爱的阳光和雨露下茁壮地成长。

一、老师是教人如何做人的榜样

其实人的很多习惯都是在实践中通过言传身教潜移默化养成的。学生的行为习惯是家长、老师行为习惯的移植与反映。比如经常打架的孩子，他的父母或亲属中定有好打架的人。从某种程度上说，老师的影响力更大，因为老师在学生的心目中是神圣的，老师的话对于可塑性、模仿性很强的小学生看来是绝对正确的。经常会听到有的家长说，现在的孩子谁的话也听不进去，就听老师的，老师的话就是圣旨。有一次，无意中听到一个孩子和父母的争论，当双方意见不一致的时候，我总听到孩子把老师搬出来说："这是老师说的。"于是孩子的父母就不做声了。教师不仅以自己的语言来影响学生，教师的行为更是无声的教育和最有力的榜样。可以说教师的言谈举止、着装都极大熏陶、感染着他们。老师的发型、着装、字迹成为他们议论的焦点，模仿的对象；老师管理教育学生的方式成为班干部管理同学的法宝。

如果细心观察，我们不难发现许多成年人在生活中关于声调、写字（包括握笔姿势）、表情、动作方面，都带有在接受启蒙教育时对所崇拜的老师的影子。这不是遗传，而是受他们所敬重的老师的熏陶、感染的结果。

这样说来，对学生良好道德品质和行为习惯的养成教育，老师是关键。"榜样的力量是无穷的。"我们的校长经常对老师说这样一句话："你想给自己的孩子找什么样的老师，你就应该做什么样的老师。"老师是学生的榜样。小学生天真单纯、童心旺盛，英雄模范很容易成为他们心中的偶像，良好的行为习惯很容易在他们洁白如玉的心田里留下美好的印记，产生健康的引导。这就需要我们教师加强自身修养，注重职业道德。所以，老师要慎重看待自己的一言一行。特别是在学生身上，更要慎之又慎。说话做事一定要想好再说、再做，千万不能鲁莽，不能感情用事，不能在学生纯洁的心里留下难以抹去的阴影。凡是要求学生做到的，自己首先做到；凡是要求学生不做的，自己首先不做。否则，光要求学生，而自己不身体力行，反而胡作非为，学生就认为这样的老师言行不一，出尔反尔，不可信赖。正如孔子所说："其身正，不令而行。其身不正，虽令不从。"正说明这个道理。言行一致，表里如一，这是教师最基本的行为准则。

"种瓜得瓜，种豆得豆。"播种粗暴，收获野蛮，播种善良，收获文明。老师作为园丁，其工作不仅仅是浇水、施肥、修剪、培土，更重要的是播种。通过自己的一言一行、一举一动，把高尚的思想意识和良好的行为习惯的种子播进学生的心田。

二、尊重是维系师生关系的重要纽带

古人云："亲其师，信其道。"学生只有热爱老师，才会遵循老师的教导，而学生亲其师是因为师爱其生。没有尊重就没有爱，爱学生是动力的源泉，成功的基础。

师生之间首先是朋友关系。是朋友就要真诚相待，相互尊重。师生之间还应是平等的关系。老师要打动学生的心，不能凭身份，不能靠压力，只能靠真诚的情感，心与心的沟通。在教育教学中，老师要摒弃高高在上、唯师必从的思想。老师要放下架子，在课余时间要多与学生沟通、交流，完全融入学生中，说出自己的真实思想、成长过程、成功与失败、优点与缺点、对学生的看法和希望，用"心"与学生相处。让学生感受到老师的真诚，其自然就会以真诚对待老师。有了亲密的和谐师生关系，老师的主导作用就有了基础，学生的主动精神就有了动力。

一个学生对一个班的任课教师来讲只是学生中的几十分之一，但这一个学生对一个家庭那可就是百分之百的希望。老师有了父母的心肠，才能把自己的智慧全部倾注到学生身上，像园丁护理幼苗一样精心哺育学生，从而在学生心目中树立起一个高大、严谨而又慈祥的老师形象。爱是勤奋的动力，爱是成功的基础。"良言一句三冬暖，恶语伤人六月寒。”由于学生的年龄特征，出现失误的情况时有发生，此时，教师要特别注意维护学生的自尊心，切忌当众讽刺、挖苦、训斥甚至谩骂体罚学生，那样不仅会伤害学生幼小的心灵，而且有损老师的形象。所以和学生说话，一定要想着说，慢慢说，好好说，努力从心底流出美的语言，用真诚的话语感染学生。

人非圣贤，谁能无错。贵在知错必改，浪子回头。小学生的年龄决定了其失误率的重复存在，此时就需要教师有开阔的胸怀，不可过分苛求学生。但宽容决不是纵容，要力争做到活泼、幽默而又不失严谨，严格认真而又不显粗野。

俗语说：“只有尊重了别人，别人才会更尊重你。”我坚信师生相互尊重会使两者间心灵的距离缩短，师生关系会更和谐。

三、教师敢于承认自己的失误，才能找回真正的自我

每个人在工作、学习、生活中都会有出现差错的时候，只要发现失误时，勇于面对，敢于承认，不但不会丢“面子”，反而会得到别人的赞许。

在学生眼里，老师是神圣的，既是他们学习知识的引路人，又是教他们如何做人的引路人。老师是学生效法的榜样。在教育、教学中，老师难免有差错的出现。如果面对出现的问题，老师选择逃避或仍以教师的身份高高在上，不肯正视失误，那会失去学生的心，从而降低威信；如果能勇于承认，那么换来的将是学生对老师的崇敬，也会让学生直接体会到知错就改的真正意义。在一个新的学期里，我新接了一个班级。开学那天点名时，我把一名叫“刘佳祎”的同学叫成了“刘佳伟”。当时该学生表情异样，课后学生指出了我的错误。第二节上课时我当着全体同学的面向那位同学承认了错误，并提醒同学不要犯类似的错误，学生们欣然接受了。还有一次，在一节语文课上，有一个句子要判断属于设问句还是反问句。我根据以往的经验将其定为反问句，当即有一学生说：“以前老师讲得可是设问句啊，到底哪个答案对啊？”当时我犹豫了，心想：学生说得很对啊，都是老师讲的，到底让学生该相信谁啊？如果我草率决定以我的答案为准的话，学生会对以前老师的信任发生动摇。于是我说：“课下我们各自查资料，证实一下准确答案好吗？”查阅资料后我发

现是自己的错误，于是马上向学生承认了自己教法上的错误，并讲清了两种句式的区别，学生听后掌声久久不能平静。我突然明白：敢于承认失误，失去的是虚假，得到的是尊严。

四、爱是最好的药，它能治好所有学生的心病

有一首歌词写得很好：“只要人人都献出一点爱，世界将变成美好的人间……”曾记得一部电影讲述了劳改释放人员回到社会后，起初重新找工作都被人拒之门外，被人瞧不起，因此他们也曾消沉过，是亲情让他们重树信心，鼓起了重新做人的勇气。足见爱的力量之伟大。教师是师生关系中起主导作用的重要因素，教师除了自己要具备爱岗敬业、献身教育的基本品德外，还要热爱学生，关心学生，了解学生，循循善诱，诲人不倦；不歧视学生，不管学习好，学习差，长得俊，长得丑，家里富，家里穷，家长有一定职权，还是没有职权，凡是学生都要去爱，和学生建立民主、平等、亲密的师生关系，做学生的良师益友。把全部的关爱之情洒向每个学生的心田。学生是教师的希望，爱学生是教师工作的动力。一旦拥有了爱心，就会全身心地扑在学生身上，克服一切困难，帮助学生健康成长。

在关注全体学生的同时，还要十分重视个别学生的思想动态。“一个也不能少”虽然是一部电影的名字，但它也是我们工作的重要内容。因为个别学生同样是祖国的花朵，未来的栋梁。由于种种因素造成个别学生的思想、动机、境况各不相同，所以他们更需要老师的浇灌、温暖和抚慰。人们常说“爱自己的孩子是人，爱别人的孩子是神”。我一直在尝试着做“神”。记得我曾教过的一个毕业班，其中一个学生父母离异，随父亲生活，加上家庭拮据，整天看不到他的笑容，偶尔一笑也不自然。开学两周后他突然连续三天未上学，起初他找同学代假说生病了，后来干脆连假也不请，有同学说他不念了。当天中午放学，我领上几名班干部来到他家，只见他一人在家，还没吃饭呢。几经劝问才知道，他无力交200多元的学杂费，所以不上学了。我当即说：“你的学杂费老师来解决，你只管上学。”在我和班干部的耐心说服下，他想通了，随后我请他们吃了一顿午饭。那位同学感动得流下了热泪。在以后的日子里，我发动

学生帮助他，鼓励他多参加集体活动。他的情绪好起来了，成绩稳步提高，顺利地完成了学业。

爱学生不只是一句口号，主要应体现在细节上。爱学生就要倾听，爱学生就记住他的名字……有一次我正在家里读报纸，我爱人兴高采烈地回到家迫不及待地把她遇到的新鲜事讲给我，我边看报纸边听，她要求我放下报纸专心地听讲，我照着做了，她又继续津津有味地讲了起来。作为一名成年人都需要别人倾听他的讲话，那么天真无邪的孩子更需要教师的倾听。还有一次在街上我遇到了我校的一名毕业学生，现在读高中。交谈中她问我是否记得她的名字，我很流利地说了出来，她竟瞪大眼珠惊讶地说："老师，您太帅了。"

作为教师，我们要把自己的知识、技能和品性、德行传授给学生，把学生培养成才，就必须热爱自己的教育对象——学生，这就是伟大的"师爱"。教育家们从教育实践中总结出一条共同的经验：没有爱就没有真正的教育。教师对学生的爱，是一种只讲付出不计回报的、无私的、广泛的且没有血缘关系的爱。这种爱是神圣的，是教师教育学生的感情基础。学生一旦体会到了这种感情，就会"亲其师"，从而"信其道"，教育也就实现了其根本的功能。

老师是神圣的，因为老师孕育了各行各业的专家；老师是美丽的，因为老师塑造了人类真、善、美的心灵之花；老师是伟大的，因为老师付出的是心血，换来的是社会的文明与进步，甚至决定一个国家未来的命运。愿我们的教师都能成为传播爱的使者，让学生尽情享受爱的雨露和甘甜。

聆听花开的声音

门佳莲

从教十几年，作为一名教师，事业上没有太多的可圈可点，没有太多的绚烂光环，但在我的内心深处，我总在努力做一个师德高尚的人，勤奋学习的人，敬业奉献的人，热爱学生的人。我以一位师者的身份，在与孩子每天的交往中，细心聆听每一朵花开的声音，那声音，发于心间，表于行动，那是人世间最美的声音，也正是这些声音，使我不断地求索，求索于爱的教育。

爱至上——努力做一个师德高尚的人。

我很喜欢《百家讲坛》中于丹所讲的那个她亲身经历的故事：自己只身于一个午后前往沙漠，为了不让师兄们担心，她勇敢地留下了纸条，上面写着“师兄们，不用担心，我拿着手电了”。当自己在沙漠中迷失方向，当昼夜悬殊的温差快要将她冻僵，当她为了存活而不停地割倒刺得她鲜血直流的植物取火时，她的手电却丝毫没有用处……当获救后，当她日后成长的时候，她知道，手电是有用的，因为那是一种信念。

这个故事中，很喜欢于丹的这句“我带手电了”。这儿的“手电”，就是一种信念。对我而言，这信念就是师德。情感只有用情感才能触摸，情感也只有用情感才能体悟。在从教的十几年里，我努力用自己的言行去感染他们，用自己的爱心去体验他们。

那是一个星期五，又到了收作业的时间，我照例认真检查每一个作业本。突然，一本字迹潦草、格式不对的作业映入我的眼帘。顿时我的内心升起了一丝不满，这是谁的作业？怎么写成这个样子！我本想在作业本上随意写上“作业太乱！”但多年的班主任经验告诉我，不能轻易这么做，于是带着好奇，我翻开了作业本的封面——李星。一个机灵可爱的小男孩形象立刻展现在我的面前。课上总是管不住自己，作业也是邋遢，不是纸张散了，就是先前写好的作业不知丢到了哪里……我下意识地翻了翻他的作业本，虽然字迹潦草，错误还不少，但从开学到现在，他的作业一次也没少，我的心渐渐温暖了起来，我仿佛听到了一朵花开的声音。自习课时，我拿着作业本走到班级，拿起他的作业本。同学们看到了作业上的字迹，不由得笑了，我知道他们笑得原因。这时我说道：“我要表扬这份作业，因为在这份作业中，我看到了一个学生的坚持和进步，这是我本次批到的最让我感动的作业，作业的主人的名字是李星。”说完，我便温和地看着他，能看得出来，他原本不安的表情没有了，取而代之的是一脸的兴奋。自那后，我发现，他的作业越来越工整了，我知道是我那天的举措，使他改正了自己的不良习惯。正是因为心中的那份爱，化成了一把可以照亮孩子心灵的手电，使他们快乐、健康地成长。十几年的教师经历，让我不断地在心中重复地说道："作为教师，要有一把'手电'，既可以用来照亮学生的内心，帮助他们成长，又可以用来照亮自己，时刻警醒，我们面对的是成长中的孩子，他们的内心是脆弱的，我们要小心、细心、耐心。这把'手电'的名字叫'爱'。"这是为师之本，教育之根。

学为先——努力做一个勤奋学习的人。

作为一名教师，我深深地感受到学习的重要。网络论坛的出现、信心类节目的更迭、个人自我超越意识的增强，不断地赋予我们学习的责任。作为一名教师，仅仅心中有爱的行为是远远不够的，我们还要有爱的能力和艺术。而技术的出现，很大程度上取决于学习。为了让自己的成长不受"瓶颈效应"的限制，我不断地学习着：广泛的阅读，丰富自身内在知识；网络论坛的交流，拓展视野。也正是在网络中，我接触了这样一位"老师"。他以自己独特的视角、深刻的思考、实际的行动，诠释着"教师"的内涵。我不断地向他学习着。特别是王晓春在"教育在线"的一个《长者引路》栏目中所说的一句话让我记忆深刻："学生只有经历了独特而深刻的体验，才能真正的获得教育。"我努力地咀嚼着这句话的实质内涵，并开始了自己的尝试。

熟悉我们班的老师，都会记得班级中那个超级活泼开朗的郭世泽。这个小男孩，其实还是很可爱的，可是原来的他可不是这样。知识丰富、头脑灵活，更可怕的是还有一张无理辩三分的巧嘴，再加上有时那股蛮不讲理的劲儿！还真是让我感到束手无策！

记得那是上三年级的时候。有一次，他向同桌借了一块橡皮，但是归还的时候，却没有亲自交给同桌手中，结果导致橡皮不见了（估计十有八九是掉在了地上，被粗心的值日生扫进了垃圾桶，倒掉了）。

结果，当同桌向他追还橡皮时，他却给了同学一个十分充分的理由："反正我已经放在你桌子上，还给你了，我不管！"当同桌被他的这种蛮不讲理气得直哭，跑来向我告状并说："老师，我不是非让他还橡皮，可是他太气人了！”

很明显，郭世泽丝毫没有意识到自己的行为有什么不妥。最起码当面还给人所借的东西是基本的常识！

想到他可能是气头上，根本听不进劝阻，我采用了冷处理的方法，等到下午，课间我找到了他。虽然经过一番谈话，他认识到了自己的方式有些不妥，可还是那句：“反正我没错，我已经放在她书桌上了，我不管！”“你并没有错，只是我感到你处理这个问题时，有些不妥！”我进一步引导他。“反正我不管，我还她了，谁让她不当面管我要！”呵！我的一番教导，就被他的这句话给打乱了，看来让他认识到自己的不妥，还真需要时间！事情就这么凑巧，过了几天，学校收费！这可是个教育他的好机会！

“老师，你还没有找我钱呢？”郭世泽可爱地问。“现在没有零钱，一会儿有零钱再找给你！”“好的！”他蹦蹦跳跳地抱了我一下，便出去玩了。

在他离开班级的时候，我让值日生也出去了，立刻给他爸爸打了个电话，以便征求他爸爸的配合！

“老师，你还没找我钱呢？”中午放学时，他又跑到了的身旁，笑嘻嘻地问。“啊？第二节课间，我不是已经放在你的桌子上了吗？你没看见吗？”

“没有啊！”他立刻紧张地问。

“你好好找找，我已经给你了！”我也装作一副意外的表情。

“没有啊，老师！”他翻遍了整个书桌，甚至将书包内的每一本书都认真地翻了一遍，不由地哭了。“这怎么办呢？”

“那我可不管，反正我已经放在你桌子上了！你先回家吧！”于是我把他亲手交到了他爸爸的手中，看着他哭哭啼啼的样子，我和他爸爸互相看了一眼，不由心中发笑。

或许是他爸爸看着他难过的样子，最终将事情的真相告诉了他！下午，他一看到我立刻扑过来，做要打我的样子！“门老师，你是大坏蛋！害得我连中午饭都没吃好！”我看到了他这个样子，相信他一定能深刻体会到当时借给他橡皮的同学的心情。这时，我适机对他说：“这回你体验到你同桌的心情了吧！”他不由得红着脸，低下了头，小手不时地撮弄着衣角！

不一会儿，他便跑回来，在我耳边说："门老师，我向我同桌道歉了，她原谅了我！"看着他那可爱样，我不由得笑了！下午，我用一节自习课的时间，向同学们澄清了事情的经过，以避免学生回到家中，向家长宣传班级丢钱的消极舆论。

就这样，这件事情便成功地解决了，自那以后，班级同学，借东西都能做到当面借，当面还！

其实，蛮不讲理，并非真的不讲道理，而是通过这种方法，使学生有深刻体会！有了深刻体验的教育，才是我们所追求的最佳教育！而这个感觉来自于教师自己的学习。教师只有不断地学习，才能使自己不断完善，只有不断地完善，才会提高自己的教育境界，才会凸显教育的艺术。

生为本——努力做一个热爱学生的人。

美好的人生是由爱所唤起，并为知识所引导的。如何引导学生正确面对人生？如何把每一个机会都看成教育的契机？如何尽其所能，使教育的实效性最大？这些是每一个教师都思考过的问题。而促使我们很好解决上面问题的根本就在于，我们要努力做一个热爱学生的人。热爱首先意味着尊重，站在孩子的角度思考，会让我们逐渐被学生所喜欢。

那是四年级的一天，我回到班级，看见小美趴在桌子上哭。

"怎么了？"

"老师！李明摸小美的脸！"李星的大嗓门立刻喊了起来，同学们笑声更响了！很明显，可能是同学误会了，小美因为害羞而哭了起来。

"这有什么可笑的？"

"对，没什么可笑的，别笑了！"有同学立刻出来打圆场。说实话，我还真没碰到过这种事情。该怎么处理，我还真不知道！刚才所说的话，只是我为自己打了个圆场，让同学感受到，摸脸没什么大惊小怪的！

找来了小美，询问后才知道，她哭的原因不是因为脸被摸而哭，而是同学到处宣传她的脸被李明摸。知道了原因后，接下来的事情有就好办了！但是具体怎么做，我也不知道。我目前所能做的，只是安慰一下小美！

“你怎么哭得这么伤心啊！”

“老师，李星当全班同学面说，李明摸我脸，是因为喜欢我！”

“这有什么啊！你看老师喜欢你，不也是摸你的脸吗？没关系，不用在乎？”说着，我再次用双手，摸了摸她的脸！

“老师问你几个问题行吗？”为了安慰她，使她不再哭，我选择了转移她注意力的方法。听我这么问，她果然不哭了。

“你说，你想不想让更多人喜欢啊？”

“想！但李星说的话，也太难听了！而且当全班同学面前说的。”

“我们先不考虑李星做法对还是错。老师只是想问你像你这么优秀的女孩，你猜大家喜不喜欢你！”她没有回答，但从她的神态中，可以看出她在认同的同时，还有些害羞！

“优秀的人，被人喜欢是理所当然的！这有什么好哭的，你应该感到高兴才对啊！”听我这么说，她开始笑了！

“老师再问你，李明摸你脸的时候，有没有其他人？”

“大家都看着呢！”她又开始不好意思起来。

“这样就更好办了！你想，他摸你的脸是大家都在的情况下，这只能说是同学的友谊，或许是你脸上有灰尘，他看到了，想替你擦掉呢？就算什么都没有，也没关系啊！这说明，他只是单纯的喜欢你，不自觉地摸了一下，大家都看到，不会感觉到有什么的！”听我这样说，她点了点头！等到她进了班级后，我又找李明，谈了一下，引导他该怎么回答，并给了他一个台阶。

进到班级后，我让两位同学将自己的状况向同学们说明了一下。征求大家对此事的看法！经过我适当的引导，最终大家达成了这样的共识：

（1）谁喜欢谁很正常，因为优秀，所以才被喜欢，被喜欢的人应该感到自豪！

（2）同学交往，应该注意，男女同学不单独接触，不互赠礼物！这样才不会被同学误解！

借助这样教育契机，不但解决了事件，而且引导了男女生如何正确交往，避免不良舆论的出现！

自那以后，我发现学生们之间能够更好地相处，同时他们有什么心里话也愿意和我说，我和他们之间也走得越来越近了。

当了十几年的教师，我感觉真的很幸福，有他们陪伴的日子，生活充满了欢乐，几乎每一天，我的心中都会盛开出美丽的花朵。我知道那是用爱浇灌成长起来的花朵，在爱的浇灌下，他们也一定会有爱的收获。

"幸福地聆听花开的声音！"我不断地对自己说。

放下师者威严，敞开母爱心房，绽放友情之花

李　秀

谈及留守儿童，大多数人的脸上都会或多或少地流露出一种惋惜或茫然之情。惋惜的是这些孩子因亲情的缺失而难以形成健康的人格，思想道德往往出现偏颇；茫然的是在如今社会改革大潮中对于这种必然的流动趋势难以避免，而且还将有更大的潮流奔腾而来。虽然教育部门实施了与留守儿童相关的关爱政策，但对于现实来说，可谓杯水车薪。我想：我们作为教育工作者，与其等待，不如行动起来。让我们身边的留守儿童渴望的幸福变为现实。那么，如何让留守儿童渴望的幸福变为现实，让孩子开心、快乐地生活呢？下面我从对留守儿童的现状分析、教师的态度改变和怎样将留守儿童渴望的幸福变为现实三个方面谈谈认识。

一、对留守儿童的现状分析

留守儿童数量多已是我们这所城乡结合地属小学的现状。百分之八十的孩子都是父母外出打工，留在家中由老人带。而这些年迈的老人，自身文化素养就不高，很多人连一年级的题都不会做，还有的老人根本就不认得字。这使得他们在孩子教育方面无力可施。另外老人们对这些父母不在身边的可怜孩子心生爱怜，往往会造成溺爱。不仅没有带好孩子，反而由于他们的溺爱害了孩子。还有一

点就是孩子长期缺少父母的关爱及交流，造成多数孩子胆怯、自闭。这种种现状让我们不得不去面对，而且要找到更好、更有效的实施方法，而最有效的、最快捷的方法便是教师的改变。

二、教师的态度改变决定身份的改变

教师改变什么？教师要改变的是心态，想想孩子的父母如果都能像尹建莉老师那样教育圆圆，那么我们的作用似乎也就是微乎其微罢了。而面对这些留守孩子，也正是体现我们自身价值的时刻。孩子到学校就是来接受教育的，正因为他们自身存在着不足，所以才需要我们这些老师啊！而我们的老师所要扮演的角色不仅仅是师者，对于这些孩子来说我们更是他们的父母，是朋友，这对老师来说是一种挑战，但我想你会因这种尝试而更加幸福、充实。因为我坚信当你给别人一分快乐时，你收获的是更多的快乐！说了这么多，到底教师要改变什么？那就是放下师者威严，敞开母爱心房，绽放友情之花。用心育培花蕾，用爱滋润幼苗。相信我们的孩子会感受到妈妈就在身边，爸爸也没有走远。

三、怎样将留守儿童渴望的幸福变为现实

让这些孩子感受到妈妈就在身边，爸爸也没有走远，是我们一线教师的责任与义务。打破传统教育方式方法，让孩子与我们走得更近。

1. 为班级命名，让其成为幸福之家

我为班级取了个“秀宝贝—毅恒”中队，秀是我名字中最后的字，宝贝是指我的学生，我告诉他们说：“你们是老师的宝贝，比什么都重要!”还没等我把话说完，孩子已经都甜甜地笑了。“毅恒”是因为无论做什么事情要想成功都需要毅力和恒心。对于这句话，我想孩子还不是很理解，我就把它变成他们能听懂的话说：“做什么事都要坚持到最后，不能中间就放弃了。”孩子们听懂了，握紧小拳头，好像在说：看我的，我不会让你失望的。看着他们的笑脸，我知道我们已经是一家人了，家人就意味着要互相关心，互相爱护，而我更应该来爱他们，因为他们是我的宝贝。

2. 说出你的快乐和不快

我班每天最后一节课的课程就是说出你的快乐和不快，刚开始孩子似乎不愿袒露心声，没有人愿意说，我也不勉强他们，我说我的快乐，让他们听。比方说，我今天很快乐，因为李博涵知道帮助同学了；我今天有点伤心，因为同学们不愿意把心里话告诉我，我有点难受。他们你看看我，我看看你，胆量大的开始说自己的心里话了。这时我都给予肯定，说出不快的，同学们要帮忙想办法，看看如何解决。这节课我觉得真的很有实效性，尤其对那些父母不在身边的孩子们，他们乐于和别人沟通了，而且我们在一起能互相分享彼此的快乐，让孩子们知道什么样的事能让人们喜欢并接受，也能知道他们之间有没有小误会、小摩擦，便于同学之间的友好相处。孩子们也都非常喜欢这节课，而且还有利于训练他们的口语表达能力。

3．我们都是爱心小天使

我们班有个“小金库”，那是一只可爱的小狗存钱罐。那里的资金都是同学们捡来的，还有卖废纸的钱，这些钱一学期下来也有好几十元，我们就用这些钱给父母不在身边，家里困难的同学买书、学习用品等。孩子们都很有爱心，而送给同学时，我通常都是让拾金不昧的同学走到讲台前，由他们发给同学，而有的同学会很有礼貌地来到我的身边说：“谢谢老师!”我都会笑着说：“应该谢的是同学们，是同学们的心意啊!”当孩子表达完心意，我们都会把最热烈的掌声送给我们自己，因为他们真的很棒，他们不仅优秀，而且都有一颗金子般的心！我为我的宝贝们骄傲！

4．一起跑步，拥抱健康

俗话说得好：“身体是革命的本钱!”现在的孩子学习压力大，再加上家长不在身边，家里老人们照顾孩子已经很累了，哪还有时间领着他们做户外运动啊！当了解到孩子们很喜欢运动时，我真高兴！因为我校的校本研修课我正愁着不知选什么好呢？就这样体育成了我班的特色，看着他们一个接一个地完成400米缓慢跑时，真为他们能那样有组织、有纪律而高兴。说心里话，当我申报这一课题时，领导都劝我说：“能行吗？孩子太小，到外边不好管理，而且还有危险，过段时间外边还很凉，要不换个别的吧!”我深知领导的好意，但我更了解孩子那份渴望运动、渴望玩耍的心理。和他们缓跑完便进入到了跳绳的练习中，现在他们中已经有10多个人能跳七八十个了。这对一年级孩子来说真的是很了不起的事。而且还有20多个孩子也能跳十到三十个了。他们下课不再追打，都拿条跳绳在那练习。现在还会自己比赛呢！都想成为班上体育最棒的学生！我觉得只要他们开心，有想要做的事，作为教师，我们就应该帮忙的。

5. 请为“我”唱支生日歌吧

“老师，今天是我的生日。姥姥说蛋糕太贵了，不给我买了。”那是2011年12月16日，小田恬伤感的声音闯入我的耳中，我回头看她时，她显得不好意思了，我望着她，决定让大家为她唱支歌，并且让她吃上生日蛋糕，中午我跑出去买了个蛋糕，下午第一节课，全班为她过生日，她开心得手舞足蹈，看到她那样快乐。我真的很开心，而这时，小冠鸣说话了：“老师，我过生日时，奶奶也没给我买蛋糕。”我看了一眼说，“啊，是吗！那今天你也一起过好吗?”他高兴地使劲点了点头。这时只见大家都举起小手，争着说：“老师，我也要一起来。”“我也要。”我这才知道，孩子们的爷爷、奶奶有多么会过日子，他们不会舍得几十元钱给孩子买蛋糕吃的，因为那被他们视为奢侈、浪费。小田恬让我领悟到了对于孩子，生日那天能吃蛋糕，能有人为她唱歌，那是多么幸福的事啊！而这种幸福我相信还有许多孩子也在梦想，只不过他们没有表达出来，所以我做了个决定，以后我班每个月过一次生日，同月份的同学一起过生日，一起为彼此唱生日歌，一起许愿，一起吹灭生日蜡烛，一起享受最幸福的时刻。

他们太需要爱了，太渴望得到关注和呵护了。我们还犹豫什么：用自己简单的爱来满足孩子们的渴望吧！让孩子们去热爱，去付出爱，去收获爱，是件多么快乐的事啊！尤其是我们教育工作者。让我们去播撒爱的甘露吧！为了那些渴望着爱的孩子们……

用爱耐心等待，花儿就要开了

杨 威

“因为深深地爱着你——孩子！所以我不知疲倦地耕耘着……”我坚信：爱，可以创造奇迹！

自参加工作以来，我就一直担任班主任工作。在这十几年的班主任生涯中，不管是收获喜悦的甜蜜一刻，还是咀嚼遗憾的苦涩之时，对我来说都是生命中的一种经历、一段时光、一笔财富。十几年里，我不断地在实践中思考、学习、总结。终于，我深深地读懂了教师二字的含义：只有爱，才能与学生心手相连。尤其是班主任要以博大的师爱，赢得学生的信赖；以高尚的师爱，获得学生的热爱。我相信：给孩子一份爱，他会给你一个明媚的春天。

而教师的爱不同于世界上其他任何形式的爱：我们的爱要兼具母亲式的慈爱，父亲般的严格，朋友间的平等；我们的爱要严爱有度，是严与爱的结合；我们的爱要收放自如，是理智的爱、博大的爱；我们的爱包含了崇高的使命感和责任感，既表现为知识传授上的无私奉献，又表现为心理上的沟通、正确的疏导和精神上的理解与支持。我们要不时地变换对学生的爱才能收到事半功倍的效果。

一、慈母式的爱

教师的爱应该是一种博爱，教育界有这样一句话：“爱优生是人，爱差生是神。”正如母亲永远不会嫌弃自己的孩子一样。作为教师，我们要像母亲一样善于发现孩子们的长处，对他们的长处大加表扬，永远不说“你真笨”，而是毫不吝啬地说：“孩子，你太棒了。”让孩子在充满鼓励与期待的沃土中成长；我们要像母亲一样容忍孩子一次次的“反复”，绝不能因为一点问题就放弃孩子，因为孩子的心像水晶，透明而易碎。我们的一句鼓励、一份关爱可以让学生感到无比的高兴与骄傲。著名特级教师于永正曾说过：“每位学生都有被承认和表现自己的欲望，为师者应像春天不吝啬清风一样让每个学生扬起理想之帆。”我们的关爱对于学生来说就像阳光一样，是他们成长中不可缺少的因素。

去年发生在我班级里的一件事，更让我明白：作为教师我们真的要有慈母式的爱心与细心。去年学校开展了“文明游戏”的课间活动，在活动中我班逐渐形成了“百变魔尺”的特色，并有了在全校展示的机会。在担任班主任工作的这些年中无论是我还是学生似乎总有这样一种思维定式：组织参加一些活动时，总会先想到那些成绩优秀的或在班级比较活跃的学生，而经常忽略那些成绩平平，又不善言谈的比较安静的学生。所以在挑选“百变魔尺”各小组组长时，学生们又像以往一样，推举出了印象中的人选。很快同学们就分好组，七嘴八舌地讨论起要组合的魔尺图形来。在巡视的过程中，我发现了班级中成绩平平、不起眼的高宇像以往一样一言不发，没有参与同学们的讨论，只是自己在默默地转动魔尺，知道他的性格，所以我和同学们都没有问过他。但令我惊讶的是，在我与其他组员交谈短短不到一分钟的时间里，他已经用两根 108 节魔尺组合出了机器人的图形。在我的惊叹声中，学生们也注意到了他，纷纷夸赞起来。而高宇似乎不太适应这种场面，羞红了脸，又默默地转动魔尺，组合起其他图形来。但这次我分明从他眼里看出了高兴与惊喜，转动的速度更快，组合出的图形也更复杂、更美观。后来在同学的一致推举下，高宇成了这一组的组长，并带领组员在这次展示活动中有突出的表现。总结这次活动，我对高宇这方面的特长大加表扬，同学们也对他刮目相看。这以后渐渐地我发现他变了，上课特别认真，作业完成得很好，学习成绩也有了很大的提高。

这件事让我感悟颇深：因为学生存在着差异，所以作为教师的我们不能要求所有的孩子都长得一样高、一样壮、一样美丽，尽管有些孩子就像迟升的朝阳，但我们一定要做到一视同仁，不能忽略任何一个孩子，要像母亲一样关爱每一个孩子，只要学生在他们原有基础上有所发展、有所进步，我们就应该像天下所有的母亲一样感到满足，为他们感到高兴。同时让孩子也看到自己的进步，体验成长给他们所带来的快乐。也许孩子辉煌的明天就蕴藏在我们不经意的关爱中。

二、严父般的爱

我们爱学生，绝不是姑息迁就，更不是放任自流，而是与严格要求相结合的爱。教师在教育学生的过程中，要把握好对学生“爱”与“严”的尺度，不能对学生爱得太过分，爱得太随便，也不能对学生束缚得太紧，管得太死。要做到爱中有严、严中渗爱、宽严适度、严爱统一，这样才能有效地培养学生良好思想品质和行为习惯。

（1）严而有方——正确的方法往往会使我们的工作收到事半功倍的效果。我们在日常的工作中一定要采取正确的方式方法。例如，制订学习计划有两种截然不同的做法：一种是教师自己制订好计划后，在班里宣读，再要求学生遵守执行；另一种是教师与学生共同商量，由学生拟订，然后全班同学遵守执行。同样是学习计划，但学生的认同程度和学习热情、学习效果却是截然不同的。我们完全可以运用教师的智慧引导学生制订出一份理想的学习计划，这样既让学生有了被尊重的满足感，又达到了我们制订计划的目的，不是一举两得吗?

（2）严而不厉——任何时候教师对学生严格要求都是必要的。对学生缺乏严格的要求，对其放任自流，是对学生不负责任的表现。但严格不等于严厉。严厉意味着教师态度的强硬、武断和偏执，严厉会使孩子产生惧怕、退缩心理。因此，我们教师对学生的态度应该是严格，而不是严厉。

（3）严而透情——多年的教育事实告诉我们打骂绝不是最有效的教育方法。班主任烦琐的工作有时会让我们感到辛苦，感到烦躁，但每到这时，我们不妨想一想这样一句话：假如他是我的孩子。这样我们的心情便会豁然开朗，会让我们对孩子们少一分责备，多一分宽容；少一分苛求，多一分理解。所以在教育的过程中我们一定要控制好自己的心态和行为，要变痛恨为痛心，发怒为宽容，责骂为劝慰，训斥为商量，罚站为请坐，冷漠为热情。只有让学生感到教师是真诚地关心他、帮助他，他们才会发自真心地改过。记得有这样一句话：不是锤的敲打，而是水的抚摸，才使石子变得这般光滑剔透。相信我们的孩子也是如此。

（4）严之有别——学生的家庭、年龄、性别、性格、爱好等各不相同，有的还有很大的差异。这种存在差异的客观情况就要求我们在严格执教的时候要因材施教，我们要分层次、分阶段地对学生提出不同的任务、目标、要求。即使对同一个学生，在不同阶段，要求标准也应该有高低之别。而对于每个学生都能做到的事情，我们也应该对全体学生提出严格的统一的要求。只有这样，才能使全体学生都能循序渐进、共同进步。

严爱结合才是教育成功的基石。严与爱要密切结合，相辅相成，要爱中融严，严中有爱。没有严的爱，如同春天缺少鲜花，夜空缺少星光，必定令人心生倦怠；没有爱的严，恰似无源之水，荒芜之地，终将使生命感到窒息。爱如母，严如父，爱与严才能共同托起明天的希望。

三、朋友间的爱

用心灵去赢得心灵，用爱去交换爱。我们只有“蹲下来”以孩子的眼光看问题、看世界，这样才能真正地尊重孩子、理解孩子，为我们的孩子提供最适合的教育。良好的师生关系能在师生之间顺畅地架起友谊的桥梁，只有师生间有了交流我们才能深入地了解学生，才能对症下药，师生间朋友式的关爱更能点燃孩子心中的火花。

我常用朋友式的“友爱”尊重、帮助学生，营造民主、平等、和谐的关系，使学生“交其友，畅其心”。我经常主动接近学生，一次次用朋友间的爱去沟通，我真诚地向学生征求教育教学方面的意见；主动地向学生检讨自己在工作中的不足与过失；善心地听取学生反映的实际问题……就连课间的十分钟我也在教室里待上几分钟，与同学们聊聊学习、生活，谈谈影视明星、球星，欣赏一下学生的穿着打扮……这样学生就会觉得老师的人情味很浓，很容易接近，他们就会被我的爱所感动、所温暖，会把我当作他们最信赖的人，愿意向我吐露真情。这样在不自觉间，我们就已经拉近了师生间的距离。而他们对我越信赖，我的要求就越容易被他们所接受。他们会把我的批评看作是对自己的爱护，把我的表扬看作是对自己的鼓励，这样我自然也就收到了“亲其师，信其道”的效果。

教师爱学生是一本书，不一定深奥，但一定能丰富学生的情怀；教师爱学生是一盏灯，不一定耀眼，但一定能长久地照耀着人生的道路；教师爱学生是一枚果实，不一定丰硕，但一定孕育着新的希望。

在我的职业生涯中，我最大的愿望就是能用我的爱去滋润每一个孩子的心灵。在我眼中，每个学生都是一朵含苞待放的花朵，我愿意用自己的一生等待他们花开。此生，我愿作绿叶，笑看怒放的鲜花。

用爱耐心等待吧，花儿就要开了！

教育故事

于一　姚久威

故事一　至少你要先快乐起来

我的学生快乐吗？答案是肯定的。被我表扬时他们满脸洋溢着幸福的笑容，兴高采烈，简单真实的快乐扑面而来。我的学生快乐吗？答案是否定的。被我批评时那悲惨痛苦的表情，无精打采，样子死气沉沉。我是快乐的吗？答案是肯定的，学生的优异表现总会带给我满足与快乐，令我的付出得到应有的回报。我是快乐的吗？答案是否定的，学生的不思进取，总令我气愤难平怒其不争。快乐的我散播更多的快乐，愤怒的我是制造痛苦的工具。究竟是我的快乐引导学生的快乐，还有学生的快乐催发着我的快乐，抑或我的愤怒制造了学生的痛苦，还是学生痛苦的表现点燃了我的愤怒。

B君，是我的一位同事，精力充沛，个性阳光。在他的课上学生永远是最快乐的，他的课永远是学生最期待的。他是那种在毕业时少数能让学生痛哭流涕的科任教师。闲暇时我曾虚心请教过，如何能和学生相处得如此融洽；如何能深受学生爱戴；如何让学生这么快乐。而他的回答却如此简单：“至少你要先是快乐的。”

故事二　每一个人都是天才

从小就听说过天才的故事，总是感到遥不可及，却万分羡慕。天才在我心中是什么？是那种智商180+，不论遇到什么困难都能迎刃而解，面对所有人的束手无策他只是淡然一笑，然后功成名就、千古流芳。令小时候不看好他的人挨上一记响亮的耳光，让所有与他失之交臂的人追悔莫及，让只有凡人智慧的民众顶礼膜拜。这就是天才！

反正我是没见过天才，我是一个凡人，我的家人是凡人，我的同事们是凡人，我的学生们是凡人中的凡人。我的学生中从来没有出现过让我眼前一亮的人物，都是普通家庭养育的普通子女。无论是学习成绩，还是琴棋书画，从没给过人惊艳。小Z，我一个极不争气的学生，学习不好，才艺没有，上课捣乱，下课讨厌。要不是家长和我积极沟通配合，早就成为班级的害群之马，不可救药了。而在我的心中，至少在小学阶段，他根本没有了价值。直到去年冬天，学校招收速滑队，作为北方孩子，数以百计的孩子报名（包括小Z）。除了好奇与兴趣，我想他更多的是逃避上课。直到海选结束公布名单，小Z竟然榜上有名，我虽有些诧异，但更多的是不以为然，我早已给他打上了一事无成的标签。严寒，训练，信息反馈，天赋尚佳，我有些不可思议。刻苦，比赛，作为上冰的初学者成绩斐然，我大惊失色，一个被我打上一事无成标签的人居然在几天之内完美诠释出了他的自我价值。我似乎成了需要被打耳光的可笑之人。

原来所有人都可以是天才，需要的只是一个舞台。

故事三　采蘑菇的小男孩

几年前一个异常炎热的六月，太阳如同得了狂躁症般把它的燥热投向了大地。一个在如此极端天气的午后，刚刚午休完尚且昏昏欲睡的我出现在操场上。散漫的学生排着散漫的队形。令人惊奇的是，在大多数成年人无精打采的日子里，未成年人却仍然保持着特有的旺盛和散漫。

当时的我还是一个比较偏重准军事化管理的体育教师。我喜欢在我的课堂上呈现一种整齐、一种秩序。这被教师称之为纪律。可我眼前的队伍毫无纪律可言，排头高大的男生如同洪水退去的树苗，原本活泼可爱的女生，只剩下过度的活泼，可爱却荡然无存。而面对我的学生是一个看似天真无邪实则嬉皮笑脸的家伙。他简直是我课堂上的噩梦，脏乱的校服，脏兮兮的脸，永远是课堂状况的发起者，正常教学的终结者，面不改色的说谎者，每天数次被带进各科办公室的问题学生中的代表人物——马跃。强压着脑中的不良信息，时刻用职业道德来约束内心的烦躁，我摆出严厉而又不失和蔼的笑容，尽可能用威严而又平和的态度来履行我的职责。“上课，同学们好。”“老师好。”与精力旺盛的热情相比，回答如此无力。我怒气值+1。“稍息，立正，向前看齐!”与精力过盛的表情相比动作如此杂乱无章。怒气值+2。“体委在哪里，为什么不整队!”我抛弃了和蔼只剩严厉，骚乱的队伍趋于平静。“人——在——哪!”我的严厉向愤怒进化，趋于平静的队伍开始变得安静。“体委采蘑菇去了。”马跃嬉皮笑脸回答了我一句。一瞬间怒气值全满，我再也无法控制情绪，闷热的天气，刺眼的阳光，偷笑的学生，一切负面的因素充斥着我的大脑。“你在和谁说话！我这是上课，还是逗你玩呢!”我咆哮着，如一头被挑战了权威的雄狮。刚刚偷笑的队伍突然变得噤若寒蝉，全体学生呈现出纪律的整齐，如同仪仗队的规范。我痛快淋漓地宣泄怒火，面前的嬉皮笑脸也渐渐变成了惊恐和委屈。见鬼，这个资深二皮脸竟然学会做出委屈的表情，他又离不可救药迈出了一大步。我骂得兴高采烈，一时间，天也不热了，心也不烦了。“老师，今天我值日，要倒垃圾，所以回来晚了。”就在我义正词严滔滔不绝之际，身后响起一个声音。我回过身来，一个男孩儿怯怯地望着我，手里还拎着一个红色蘑菇状的垃圾筒。该死，居然真的是见鬼的“蘑菇”，我突然失去勇气面对身后那张委屈的脸孔，心中电闪雷鸣……

家的温暖

张　颖

每个人都渴望有个温暖、幸福的家。你、我、他都不例外。我们在努力追寻，在精心营造。然而，还有许多尚未懂事的孩子，他们却要面临着家的破裂，父母的远走他乡——当你看到那一双双胆怯的小眼睛，由于无人精心照顾而蓬头垢面的模样时，我想你的心也会为之一颤。

十五年前，我踏着自己恩师走过的路，怀着对教育事业无比崇尚的神圣情感，走上了三尺讲台。当看着那些天真无邪，充满灵气的孩子时，我有一种幸福感。可当你了解到这些孩子此刻所处的状况时，你会有一种使命感。

离异，父母外出打工，由爷爷、奶奶或姥姥、姥爷带大……这种状况，让原本应该无忧无虑、快乐成长的孩子多了些忧伤、胆怯和不自信。

而作为一名教师，一名班主任，我深知自己身上的职责。我不仅是一个知识的传播者，更是一个爱的传递者。我爱着他们，就像他们爱着我一样。我应该让我的孩子感受到家的温暖，享受到妈妈的疼爱，体会到姐姐的呵护，拥有着朋友的关怀。

每天清晨，我都早早地来到学校，为他们开门。迎接这些小宝贝的到来，他们看到我都会高声地说一句："老师，早上好!"我也会回一句："早上好!"当我拿起笤帚时，我后面都会紧跟着一些小大人，他们学着我的样子，我不会因为他们添乱而制止，反而会鼓励他们："你看，梁星雨会扫地了!""你看，崔鹏博，多卖力啊!""你看，李博涵比我扫得都干净啊"……通过这样的小事，不仅能让孩子模仿我来学做劳动，还能为其树立当家做主的意识。让其知道他有多棒，老师有多喜欢他！而就是因为这小小的参与，小小的鼓励，我是深得"民心"的。会学话的孩子回家告诉家长说："张老师天天和我们一起做扫除，可有意思了。"几名家长找到说："张老师，我看咱班也像别的班那样，你排个值日生轮流表，让我们家长来做。孩子太小，也不会做，而你，一天也够累的了，这点小事，我们家长可以做。"他们的到来让我感到安慰，我也知道他们是好意，我委婉地拒绝了。我说："孩子是慢慢长大的，班级这点'活'不会累到任何一个人，我这么做，是想让他们知道，我们是一家人，家人要互相帮助，互相关心。而我也有意识地请求他们帮我，看看今天谁长大了，谁能帮我把地扫干净了！这样孩子就会一点一点地形成团结合作的精神，同时也为自己能给班级出力而感到骄傲了。"一学期下来，他们的自理能力也增强了很多。现在我班的宝贝们，每天都争着早早来到教室，都想为班级出一分力。在不知不觉中，他们爱上了班级，因为这个班，能给人一种家的温暖。

现在的孩子挑食，不吃早餐很严重，为此我在班级设定了不成规则的规定：每天早晨必须吃完早饭才能来上学。而刚开始，每天都会有两三名学生不吃饭来的，有的是起来晚了；有的是家长没做；还有的是自己不喜欢吃——总之，理由都很充分。我告诉他们老师很理解他们的情况，但不赞同他们的做法。我说："你想啊，我们的胃是我们的好朋友，而它呀，好饿！好饿！你却因为一些理由而饿着它，它多伤心，难过呀！如果你要长期这样对待它，它也会生病啊！那时，你也会难受，不舒服的。你们说对不对啊？"小孩子嘛，就是乖，连连点头。而不吃饭的孩子，也都到我的跟前取蛋黄派回去吃，如果家长给带吃的了，就马上吃了起来。我不会因为上早自习而让孩子延迟到下课吃，因为我觉得孩子身体健康比什么都重要。但又怕孩子都好奇，都来到早自习吃早饭。我就软硬兼施："你看，他们不听老师的话，在家不吃早饭，今天他们不是老师的乖宝贝了。希望明天咱们全班都是老师的乖宝贝啊！好吗？"现在我班孩子全是我的乖宝贝，因为他们都吃早饭，他们都不想让他们的好朋友——"胃"受伤！看！他们多善良啊！我希望这些小家伙们个个身体壮如牛。

对于离异家庭的孩子，我知道他们幼小的心灵承受的是怎样的苦楚，千万不要认为孩子小，不懂事，不会受到伤害。就因为孩子小，那种痛才会刻骨铭心，让他们感到恐惧，感到无人疼爱，这些孩子不仅缺少自信，他们还会形成很强的自卑心理。作为教师的我们无权去过问别人的家事，但我们可以用心地爱他们，让他们知道自己有多可爱，老师有多喜欢他，同学有多愿意和他玩耍。让他们能正确对待他的人生。刚参加工作时，小晨晨的一句："我没有妈妈！我没有妈妈！"就像一颗炸弹，炸得我的心破碎不堪。我想哪位母亲要是听到自己的孩子喊出这样的话语，她的心会是怎样的纠结呢？那么再换位想想，能喊出如此话语的孩子，他又受到了怎样的伤害呢？经过了解，我才知道，他的母亲在他 2 岁时和别人走了，而这个孩子不愿提"妈妈"这两个字，而"妈妈"这个词，也不是我们想避就能避开的词啊！在一课《母爱的力量》中，课后有一道这样的题：说说在日常生活中，妈妈做的哪件事让你感受到了妈妈很爱你？思考完我恰巧问到他，而他超常的呐喊让我惊呆了，我才知道他背后的痛苦。孩子哭了，哭得那样伤心，而我和班级其他孩子也都哭了。真是心如刀绞啊！怎样才能抚平他心灵的伤？我找到了他的奶奶，经了解我知道了一些事情，孩子之所以有如此过激的反应，和家人的教育也是脱不开的，因为奶奶对他妈妈有恨意，同时也把这种恨灌输给孩子了。我感到心痛和悲哀。经多次与其奶奶沟通，才让她打开心结。如果他奶奶的心结打不开，又怎会让孩子释放胸怀呢？我们都知道母爱有多伟大，而连妈妈都恨的孩子，他还能相信谁？还能去爱谁？对他我真是疼爱有加。下课与他聊天，和他一起画画，给他买冰棍，送给他课外书，他不会的题给他讲解——结果是我的努力却换来这样的一句话：老师是不是死了呀？我的心真的不知道是被什么扎了一样的疼。那是我去哈尔滨学习回来的早上，在我从校长室回班时，班级乱成一团，有好几个同学在大声训斥他："你才死了呢！你才死了呢！"我让他们安静下来后才了解到，原来早晨我上班时，有同学看到我了，结果回到班级干等我也不见我的踪影。有的同学急了说："老师怎么还不来呢，她不会出什么事吧！"他就接了一句："老师是不是死了？"我没有责怪他，只是笑着说："你是不是担心我出事啊？"他红着眼圈点了点头。我想，孩子应该能感受到别人对他的爱，只不过他不会表达他的心意，让别人听了不舒服而已。如今，他已是个大男孩了，每当看到他送我的石榴花结满小石榴时，我都会不禁地想：孩子，你还好吗？

我是一名普通得不能再普通的老师，没有什么高深的见解，但我有一颗真诚的心，我愿用我的真心让我的孩子们享受家的温暖。房子有了爱才是家，而家又是因为有了互相关爱的心才会温暖，我会一如既往地让我的孩子们在爱的陪伴下，健康、幸福地成长！

三、成功课堂：教学是一门艺术

在规矩与方圆中求索

吴丽波

天下难事必做于易，天下大事必做于细。学校教学工作可谓千头万绪、纷繁复杂，有时候真让人感觉“剪不断，理还乱”，那应该怎样摆脱这一困境，在“规矩”与“方圆”中求得平衡呢？我思考和行动的出发点与归宿是：追求做得更好！我将目标锁定在：改变能改变的，改变应该改变的。我的目的只有一个：不求急功近利，只求教师提高、学生成长。我工作的宗旨是：向管理要质量、向课堂要质量、向教研要质量。我对自己的要求是：从小事做起，从细节处着眼，把具体事做好！

一、向管理要质量

我在学校的教学管理工作上紧抓“时间”二字，主要采取了：

（1）以年为单位的时间战略管理——有了长远的学校发展规划，工作才有目标、有重点。

（2）以月为单位的时间目标管理——把目标管理调整为任务管理，把工作的目标分解为一个个的任务，在一个月中集中精力解决那些问题，完成那些任务。

（3）以周为单位的时间任务管理——教导处人员在每周五下午都要集中起来回顾上周的工作，落实下周的任务，让全校教职工都知道学校的工作、自己分担的任务。

（4）以日为单位的时间效率管理——每天晚上对工作进行盘点，记录当天的事。

这四种管理方式让我们的教学工作有条不紊地开展，确保了我校教学工作的顺利完成。

二、向课堂要质量

教学质量是一所学校的生命线，课堂教学则是提高教学质量的基石，而打造高效课堂更是教学常规精细化管理的核心。因此我校对课堂教学的目标、方针、要求都有统一明确的规定。

（1）课堂教学目标——求细、求精、求新。

（2）课堂教学方针——常规教学“十字”方针。

即备课要“深”，上课要“实”，教学要“活”，手段要“新”，活动要“勤”，作业要“精”，辅导要“细”，质量要“高”，分析要“准”，负担要“轻”。

（3）课堂教学要求——三突出、四并重、五思想、六体现。

三突出：突出“精讲多思”，讲到什么程度，哪里放哪里收，要按新课程的教育理念重新定位；突出“学生活动”，要求教师在课堂上多放手、多扩展，实施创造性、开放性的教学，充分调动学生的听、说、读、写、议、练、答等多种感官，让课堂真正成为“学习”的课堂；突出“学法指导”，教给学生具体的学习方法，高效地获取知识。

四并重：教学结果与教学过程并重；智力因素与非智力因素并重；教师指导与学生会学并重；一般能力培养与创造品质并重。

五思想：有从最后一名学生抓起，关爱每一个学生的成长的思想；有尊重学生的人格，对学生教育要有爱心和耐心的思想；有允许学生在学习和个体发展上存在差异，并能根据这种差异搞好因材施教的思想；有相信每个学生都能够创造性地进行学习的思想；有相信每个学生都能够获得成功的思想。

六体现：体现教师的引导，教师要充分发挥主导作用，注重学生学习兴趣的引导，使学生乐学；注重学习方法的引导，使学生会学；注重学科知识的引导，使学生学会。体现教师的激励，充分发挥教师的激励作用，把微笑带进课堂，把鼓励带进课堂，激发学生学习热情；激励学生产生解决问题、克服困难的勇气和信心，培养良好的意志品质。体现学生的参与，让学生能积极主动地参与教与学的全过程，充分地动脑、动口、动手，发挥主体作用。体现学生的表现，培养学生在课堂上敢想、敢说、敢做、勇于自我探索、自我思考、自我创造的良好学习品质；培养学生善于表现、善于争先的良好学习品质，让学生得到生动活泼的发展。体现教师的创造，教师要创造性地进行课堂教学。敢于在教学方法、手段及艺术形式上进行突破，教得生动，教得活跃；培养学生创造性学习，教会学生掌握思维方法，开阔思维空间，培养思维品质，变得主动活泼。体现学生的成功，在教学过程的始终，教师都要运用成功教育的思想和语言评价艺术，让学生的见解都能得到教师的肯定和鼓励，营造轻松愉快的学习氛围，给每个学生成功的机会，让他们感受到成功的快乐。

为了更好地完成预定目标，我们开始尝试一种更新、更高效的教学方法——“教学案一体化”，将之作为我校提升教学质量的突破口。我们以高段学年作为实验学年，实施一年多来，取得一定的成效。现在的高段课堂分三个环节：备课—自学交流—检测。形成了自主学习、自主管理、自主工作的模式，把学生从繁重的课业负担中解放出来，把老师从纷繁冗杂的跟教学无关的事务中解脱出来，让教室成为学生自主学习的学堂，让校园成为学生向往的殿堂。今后我们会将此模式针对低、中学段的不同特点进行修改、补充，在全校推广。新式的教学模式使教师的教学思想和行为、学生的学习方式与兴趣都焕然一新，得以空前发展与解放。

此外，为了拓展学生的学习空间，有效延伸课堂教学，我校还增设了校本活动课和特色作业。各班针对本班实际情况确定年度活动课内容，全校已经形成了“班班有特色，人人有特长”的活动课全新局面。校本活动课、特色作业的开展也为学生开启了智慧，拓宽了视野，从而达到全面提高学生综合素质的目的，为学校的可持续发展奠定了基础。

现在全校教师均能做到“把眼光盯在质量上，把功夫下在备课上，把基础放在个人素质提高上，把关键放在教学方法的改革上，把目标放在整体培养上，把效果显现在40分钟的课堂上”。通过我们的努力，课堂教学已经成为我校教学工作中一道最亮丽的风景线。

三、向教研要质量

加强教研建设，是提高课堂教学的一项有效措施。为此我们制定了教师学习制度，细化了教师的学习措施，多渠道更新教师的教学理念，从而丰富教师从教底蕴，走内涵发展之路。

我校为教师搭建多种学习平台，采取“走出去，请进来”的方法，在学校定期开展学习培训：请专家讲学，对教师进行专业引领；利用内部资源，成立校内讲师团；利用网络优势，搭建网络学习平台。尤其在教师外出学习方面，加大了人力物力投入力度，先后有近10余人次参加国培计划班，20余人次参加省培计划班。通过系统化的培训，教师们的综合素质有了实效的内化，质的飞跃，拥有了更丰富的底蕴，为校本教研活动的开展奠定了稳固的基础。

与此同时，我校还建立健全了名师、骨干、新秀的教师梯队建设，提出“构建平台，打造名师”、“发挥骨干，培养新秀”的工作思路。在教师中进行合理与可持续发展的“老、中、青”的协调与调配工作，为青年教师创造机会，找准“坐标”。通过推选、认定名师、骨干、新秀教师在职提高等措施，已经形成了具有一定规模和水平的教师团队。

通过不断加强教师的理论培训和实践操作及名师、骨干教师的示范引领，以点带面，现在全体教师的常态课均能做到平实、有效。为了能使课堂教学更加扎实、高效，我校又开启了“研训一体”的教研模式。结合学校的实际情况，我校首先调整了集体教研制度，即上课前对教材进行整体分析，对于教师存疑的问题，组内进行共同的探讨研究，形成共识，写出详案（组内分工）。平时授课前，全组教师均要参照同事的详案，结合本班实际情况，在书中再标出略案。其次学校大力推行听课制度，鼓励教师间互听、互评，每学期每位教师听课节数均能达到30节以上。同时制定了领导听课指导制度，即学校每位领导负责学校某一学科的教学听课和指导工作，每月反复进行听课指导，每周均推出3~5节优质课进行全校展示，每学期都在学校开展“人人都上研讨课，人人都是研讨者”的活动。活动采取教研组合作的方式，即组内成员全体参与，分别进行说课、上课、评课、反思的环节。然后进行全校教师的集体讨论，如有问题则共同商讨、解决。活动后再进行“别人的课堂我反思”、“我的课堂我反思”的书面论述，让全校教师从内在上有根本的提升，从而快速、有效地提高我校的课堂教学质量。目前，我校“研训一体”的教研模式已经初具规模。

多年从事教育工作，我早已形成了忙碌而不庸碌，平凡而不平庸的性格，更养成了在实践中总结、在总结中反思、在反思中进步、在进步中成长的工作作风。如今，当好教师的带头人，学生的引路者，已成为我人生追求的全部内涵。

此生，我愿做一个求索者，辛勤地耕耘，在规矩与方圆中求得平衡。

此生，我更愿做一个守望者，执著地坚守，守望教育的梦想与家园。

立足教研平台 促进长远发展

——云环小学新时期小学课堂教学研究成果

宋天宇

隆重、热烈且轰动省内的佳木斯市小学课堂教学第六届“百家讲堂”竞赛活动，随着2011年隆冬的临近已徐徐落下帷幕。回首竞赛的历程，那种炽烈的场面犹如就在眼前，令人惊叹不已！且不说参赛教师的素养能力得到了充分的发挥和大幅度的提升，就大赛的精彩纷呈给教育界带来的震撼也真可谓是前所未有。广大教师都说：“真好！”

今年，我校参加的语文代表队在竞赛中又一次夺魁，这不能不说是我校教育理念的集中体现，更是我校“研训一体”的课堂教学研究成果的成功再现。

下面结合我校参加历届“百家讲堂”竞赛的平台，把这份沉甸甸的教研成果与大家共享。

一、以训促研，提升教师素质

在课程改革过程中，我校领导以勇于开拓、敢于创新的精神，把教师培训工作提到了办学的首要任务上来。从教育思想的转变、教育理念的提升、教育方法的探讨等方面确立了一系列的措施，并进行了不懈的探索，提升了广大教师的专业素质。

（一）抓培训，强化教育思想的转变

教师的培训是一项系统的工程，为了增强培训的实效性和科学性，我们对全校的班主任教师首先进行了“我的困惑”的调查，掌握了一线教师急切需要的服务和亟待解决的具体问题。在具体分析过程中，我们本着“跳一跳，摘桃子”的培训思想，制定了“专业引领”和“教师自修”的培训策略。即以明晰教师现状为基础、以提出现阶段努力转变和实践的方向为重点的集中培训，不但明确了存在的具体问题，还指出了今后努力整改的方向。另外还安排骨干教师进行每月的定向培训，更切中了教师教学的实际，非常受欢迎。在教师自修方面，学校不但每学期为教师提供一本必学的培训用书，还规定上网学习的具体任务，并由校长亲自负责学习检查。这样，坚持几年之后，我们感觉到这种培训方法是可行的、我们教师的成长是迅速的，取得的成效是显著的。

（二）搭平台，促进教育理念的提升

积极搭建教师展示的平台，互动交流，这是我们在培训过程中得到的最有效经验。

1. 树立典型，以点带组

一所学校教研的风气能否建立起来，关键要看各个学年组能否建立起来；一个学年组的教研氛围有没有，关键要看学年组长能否起到带头作用。所以，我们首先树立的教研典型就是学年组长。给他们压担子，给他们搭台子，让学校的最基层单位发挥应有的示范效应，在最小的范围之内进行最切实际的教学培训，进而实现“牵一发而动全身”的培训效果

2. 展示典型，以组带面。

某一个学年组的教研氛围形成以后，我们积极协助他们提炼教研的方式方法，并提升到一定的理论高度。到目前，初步形成了“单元讨论式、一课一议式、课后反思式、教学随笔式”等组内教研方式。并且，学校安排了具体的时间，安排某个学年面对全校教师进行现场示范教研。起到了以点带面的培训效应，教师的教育理念不但得到了再现，更体现了教育理念转变的过程。

二、以研促教，提升教学品味

各种先进的教育理念是否有利于学校的发展，是否有利于教师的专业化发展，主要取决于我们广大教师能否将其应用到具体的教育教学实践上，并在具体的实践过程中得到深入地贯彻和深远的发展。为此，我们又趁热打铁，在全面掀起教研热潮的基础上，把目光转向了课堂，开展了轰轰烈烈的“一课三讲”活动。

（一）课前教研，堵塞遗憾

学年组已经有了一定的教研能力之后，就要给他们实践的时间和空间。在组长的组织下，学年组从教材特点、编者意图、作者思想、教学流程、学生状况等方面共同研讨并形成这一课的教学设计，印发到该学年组的每一位教师手中。而且要求每一单元均要有这样类型教案。几年来我们已经形成了每册书的教学详案，积累成了我校独特的教学资源。这样，从备课环节上，我们已经把可能产生遗憾的渠道基本上堵塞住了。

（二）课上实践，减少遗憾

形成了一定的教学设计后，学年组指定一名教师进行教学实践，没课的教师进行听课。上课的教师在接受任务后，结合自己的理解还要更进一步细化教案。因为我们每一个人都不想或尽可能少地把遗憾留给别人。所以，这位教师会积极认真地上好这节课。经过他的深思熟虑之后，课上的教学就很有特色。这也减少了遗憾的产生。

（三）课后反思，解决遗憾

上完这节课后，任课教师首先会认真反思，因为他还要在其他班级上这节课，所以他会在教学设计上进行圈点勾画。然后在组内进行交流，再听取其他教师的建议，进一步完善教案。这样，在课堂上产生的遗憾得到了合理的解决，有效地提升了课堂教学效率和课堂教学品味。

三、以研促训，提升办学理念

这项活动的独特之处就是我们注重延伸研讨，即教学后的再评价、再研讨和再实践。大多数教师都有这样的思想：课我上完了，我也反思了，我也清楚了教学中存在的主要问题，我已经进步了。于是，就不再实践或验证自己反思的正确性了。而我们就是抓住这一契机，又实行了“研训一体”的教研模式，取得了锦上添花的效果。我们具体操行办法是“纵向发展、横向深化”。

（一）师徒研训一体化

可以说，师徒研训一体化是“纵向发展”的集中体现，它是相对于“横向深化”而言的，是指教师在学年内这个小集体里的成长和发展。即在学年内我们组织教师通过结对子的形式明确两位教师之间的师徒关系。在日常教学中，师傅将要担负起对徒弟的教学研讨和教学辅导的培训任务，学校随机和定期对徒弟的课堂教学进行检查和展示，并以此来量化这两位教师的教学业绩，纳入到学校各项考核业绩中来。这样，不但减少了过多的学年集中研训的时间，更提高了研训的实效性。实践证明，这种把教研和培训细化到最小的实施单位的方法是行之有效的，行之高效的。

（二）分层研训一体化

分层研训是指把每个学年均看成是学校研训工作的一个个横截面，通过对每一个横截面的规划和引领，使每一个横截面，即每一个学年组都得到最大限度的发展，这成为云环小学这棵大树不可缺少的靓丽部分。详细地说，我校提出了“一年上路子、二年压担子、三年成柱子”的三年成长规划。即对刚从事教育职业的教师，学校引领其拜师学艺，争取一年之内能规范自己的教学，逐渐领悟教学的真正要领。从第二年开始，在师傅的带领下，开始承担学年教学研讨任务或学校教学展示任务，开始登上展示的舞台，以锻炼自己的教学风格和教学特色。从第三年开始，学校对优秀的教师将要外派学习和承担各种教学赛课任务，走向教学的更深领域，届时他们将吸纳众家之长完善自家之不足，成为真正的教学能手或名师。我们把这样的研训策略称其为横向深化发展。

四、教研成果

立足学校的教研，借助各级各类教学竞赛的平台，我校先后荣获了“黑龙江省小学语文教研中心”、“佳木斯市语文学科教研基地”、“省创新教育先进实验单位”、“省写字教学先进集体”、“市课程改革先进集体”、“市教育科研先进单位”等殊荣。并且先后进行了“省小学语文教研中心开放日暨云环小学现场会活动”、“省小学语文新浪 UC 网络教研活动”两次、“市中华传统文化导读观摩研讨暨现场会活动”两次、研发完善并使用了经典诵读——《小学生必背古诗词》校本教材和参加了“黑龙江省龙东地区‘六地市’第二届小学教学高端协作会暨首届小学语文教师素养赛”荣获特等奖、“第四、五、六届市‘百家讲堂’课堂教学竞赛（语文队）”获一等奖、“第一、二届市小学语文教师诵读比赛”获一等奖、“市小学教师基本功竞赛和技能大赛”获一等奖、“市‘菊花杯’课堂教学竞赛”连续三年获一等奖、“市青年教师朗读比赛”获一等奖等。

总之，我们云环人正以昂扬的云环风采演绎着云环教育的新辉煌。

浅谈小学低年级数学教学过程中创新能力的培养

白忠军

数学被公认为是培养学生创造力的最主要学科之一，是培养学生创造意识和创造能力的良好渠道与途径。开发人的创造力，是教育、教学工作的核心问题。培养创新型的学生，要从启蒙时期抓起。这一时期，学生的脑神经细胞成长和智能发展迅速，是培养创造能力的基础阶段。所以，在小学低年级数学教学中培养学生的创新意识和能力是教师职业赋予我们的责任。如何培养学生的创新能力呢？下面我谈几点浅见：

一、在教学过程中引导学生质疑，激发学生创新意识

古希腊哲学家亚里士多德说过：“思维是从质疑和惊奇开始的。”引导学生质疑，敢于标新立异，提出自己的独特见解，是培养学生创造能力的重要途径。在教学中，教师要善于围绕知识关键设置疑难，促使学生对疑难问题产生探讨的兴趣，引导学生通过知识迁移，使疑难得以解决。如在教学“0 和任何数相乘都得 0”时，我贴出来三幅空盘图，学生感到奇怪：这三幅图能讲什么呢？兴趣随之而来，想听听老师如何讲解。我边释疑，学生边回答。“每个盘里有几个苹

果?”“没有，可以用什么数表示?”“求三个盘里共有几个苹果，用什么方法算?”这几个问题的提出，学生觉得这三幅图大有文章，他们继续保持浓厚的兴趣，当学生答出 0 +0 +0 和 0 ×3 两种算法时，我继续设疑：“0 +0 +0 和 0 ×3 的结果是否相等?”紧接着，通过 0 ×5，0 ×9 等的练习，让学生自编 0 乘任何数得 0 的题目，并引导学生进行综合概括：请想一想，0 和一个数相乘得 0 的式子有多少个？谁能用一句话把这么多个和 0 相乘得 0 的式子表示出来？问题的提出，再次激起学生的兴趣，学生产生了兴趣，就会积极思考。果然学生通过思维与讨论，得出“0 和任何数相乘都得 0”的结论。这样一步一步设疑、激趣、再释疑，使学生对“0 和任何数相乘都得 0”的本质有了深刻的理解。这种“无疑—有疑—无疑”的转化过程，使学生在疑中生奇，疑中生趣，这是学生学习新知识的最佳心态。在对问题进行探索的过程中，使知识得到不断深化和发展，同时也有效地锻炼了学生的思维能力，培养了他们创新能力。

“学起于思，思起于疑。”“疑”是打开知识大门的钥匙。学生在学习的过程中难免会遇到一些疑难问题。鼓励学生质疑问难，是调动学生学习积极性和主动性的重要手段，是培养学生创新知识的重要途径。课堂上无论学生提出的问题正确与否，教师都应从正面引导，鼓励他们敢于发表自己的见解，尊重他们的自尊心，同时教师也要把握住学生提出的思维含量较高的问题，促使学生深入地探究。这样，就能不断激发学生的创新意识。

二、在教学过程中积极鼓励，激发学生创新欲望

第一、教师在教学过程中，要注意创设问题情境，让学生发现问题，激发学生的求知欲，引发思考，激发学生的学习和思考情趣。例如，在第五册教材中学习完长方形和正方形周长后，我在黑板上画出一个长方形和一个正方形。提出这样一个问题：想一想如果在一个长方形中裁下一个正方形，那么周长怎么计算？学生通过观察后发现裁下的正方形位置不同，周长也不同。第一种裁法周长和原长方形周长相同；第二种裁后周长比原长方形多出两条正方形的边；第三种，如果完全在中间裁，原长方形周长不变，里面要多出正方形的四条边。最后，我总结了方法，正要宣布下课。这时，有个同

学站起来说："老师如果长方形的宽等于正方形边长的时候，这三种方法都不正确。"我仔细一想，这个学生说的是正确的。后来我及时地表扬了他，并且鼓励其他同学向他学习，想一想还有没有其他可能。教师说出肯定答案后，学生敢于怀疑，发表自己的意见，具有这种创造性地心理品质的学生不但在学校里会创造性地学习，将来也会有助于他们创造性地从事工作。所以教师应从小事中及时发现并加以引导、鼓励这种创新精神。

第二、要培养学生的创新意识，就要打破数学教学的老框框，鼓励学生多发问。爱因斯坦说过："提出一个问题，往往比解决一个问题更重要。"因此，鼓励学生多提问是培养创新意识的重要途径。例如，在一年级学习"数的大小比较"一课中，教师在黑板上写了"4"与"3"两个数，问："这两个数哪个大，为什么?"一位学生走到黑板前，在黑板上画了四面红旗，排成一行，然后在下方又画了三面红旗，也排成一行。说："四面红旗比三面红旗多一面，所以4比3大。"又问："那么怎样表示4大于3?"一个学生走到黑板前面写了"4→3"并解释说："'→'表示大的指挥小的。"又有一位学生说："可把箭头上的一横抹去，变成了'>'。"并解释说："这样也可以用来表示大的指挥小的，但比他的更简单。"接着老师再问："刚才这两个同学用了不同的符号，都是表达同一个意思几大于几。那么，我们要选哪一个符号最合适呢?"学生又是一番思考。最后一致认为">"既简单，又好写，而且好记（开口的一边是大数，尖角的一边是小数）。在这一教学过程中，极大地鼓励了学生的创新热情。

三、在教学过程中组织充分讨论，为学生提供创新环境

围绕某一个问题，组织学生讨论、交流、辩论。让他们各抒己见，互相启发补充，使问题得到完善的解决。互相讨论、交流可以激发兴趣，开拓思路，有利于促进创新意识的发展。例如，在教学"乘法的初步认识"一课中，得出："求几个相同加数的和用乘法计算比较简便。"教师举例"7+7+6+7+7"，留一些时间给学生讨论，用什么方法能又快又好地算出答案。学生想出了"（1）7×4+6；（2）7×5-1"，第二种想法更有创造性。同学们在讨论中说：

"假如加数6也看成是7，有5个7，得数就多1，所以最后要减1。"从他们交流的语言中，可以清楚地看到一种创造性思维的脉搏在跳动。讨论是学生思维跃动的较好的方式。所以教师不但要在课堂教学中善于创造讨论的契机，还要为学生提供更多的参与时间和空间，给学生有一个思考的余地。

四、在教学过程中运用已有经验，培养创新能力

丰富的知识经验是创造力的源泉。任何一个领域内的问题解决都会涉及大量该领域的专门知识，离开了这些知识基础，问题解决就会成为一句空话，创造力也就成了无源之水。陶行知先生曾说过："手和脑一块儿干，是创造教育的开始；手脑双全，是创造教育的目的。"在小学低年级数学教学中，让学生动手操作是激发学生内在创造潜力的重要途径。学生运用已有的经验，在具体的看、摸、折、量、比、算等操作活动中，经历知识的发现、问题的思考、规律的寻找、结论的概括、新知的重建等一系列数学活动过程，这本身就是充满生命活力，体现创新意识的过程。例如，在教学第五册"有余数除法"一课时，我精心地设计教案，让学生通过操作、观察、比较，主动地发现其中的规律。先要求每个学生拿出9个苹果（学具）放在盘子里，每盘放的个数一样多，有几种放法，可以放几盘？当学生操作完之后，从中选择五种：（1）每盘放3个，9÷3=3（盘）；（2）每盘放9个，9÷9=1（个）；（3）每盘放2个，9÷2=4（盘）多1（个）；（4）每盘放4个，9÷4=2（盘）多1（个）；（5）每盘放5个，9÷5=1（盘）多4（个）。接下来引导学生观察上面五个除法式子，并提问："可分成几种情况？"学生便很快地观察到：一类正好分完，另一类分完后还有剩余的。于是我再画龙点睛地指出："正好分完的除法的除法算式，我们以前学过了，分了以后还剩余的算式，我们就把它叫做'有余数的除法'（板书）。也就是我们今天要学习的内容。"并且告诉学生余下的数叫做"余数"，在横式里余数的表示方法："9÷4=2（盘）……1（个）。"这种运用已有知识经验，通过思考、迁移而获取新知识的过程也是在培养学生创新能力的过程。

五、教师优良的综合素质是培养学生创新能力的保证

提高教师自身素质是培养学生创新意识的重要条件。21 世纪是一个创新的世纪，是一个需要创造人才的时代。人类社会的前进步伐离不开教育的发展创新，教育必须适应并促进社会和人的发展，这对教育本身提出了更高的要求。对作为人类科学文化知识、社会思想道德的传承者，教师只有具备创新的能力，才能适应新世纪对高素质人才的要求。因此，教师主体必须具有扎实的业务基础和优良的综合品质。

（1）教师主体具备创新能力要求教师具有扎实的业务基础。

第一，教师必须巩固和提高自身的综合文化素质，才能提高业务水平。对课堂教学效果、学生学习效率起直接作用的是教师的语言能力和教学技巧。教师应善思考、多阅读、勤表达、多创作、锲而不舍地学习，提高自己的业务素质，以便得心应手地教育学生，使学生受益。第二，教师必须具有扎实的学科知识和较高的理论水平。首先，熟悉自己所教的学科是教学之本。只有熟悉自己所教学科，才能把知识化为本身的信念，在教学中对教材运用自如。再次，教师要面对众多的学生，在教育工作中常出现各种不同的实际问题。要解决这些问题，教师本身就要树立正确的教育观念，要“动之以情，晓之以理”，要以系统的教育学和心理学方面的理论知识武装自己。

（2）教师主体具备创新能力要求教师具有扎实的业务素质，还要求教师具有优良的综合品质。

第一，爱岗敬业，认真工作，热爱工作。热爱教育事业是教师工作动力的源泉，它让教师对教育工作保持高涨的热情和浓厚的兴趣。第二，严于律己，以身作则，为人师表。低年级学生模仿能力很强，教师的言谈举止对学生起着莫大的影响和熏染作用。第三，要热爱学生，关心爱护每一位学生。教师热爱学生，诲人不倦是教育工作的核心。热爱学生就要尊重、信任、理解学生，同时又要严格要求学生。扎实的业务素质，是教师主体培养创新能力的前提，优良的综合素质是教师主体培养创新能力的保证。两者相互作用，缺一不可。总之，创新意识并非只有高层次人才需要具备，中层的、

一般的建设者也应具备。因为新的历史时期需要开拓创新型的一代新人。“知识经济、知识创新呼唤创新人才”，而创新人才的培养靠创造教育。我们小学教师肩负着培养国家下一代的重任，应把握住课堂教学这个实施素质教育的主阵地，不断更新教育观念，通过课堂教学改革，利用新课程标准为教师和学生创造宽松的学习氛围，积极创设有利于培养学生创新意识的教学情境；鼓励学生质疑问题，展开想象，求异思维，发表独特见解，鼓励学生知识间的转化，提高解决问题的能力。只要持之以恒，我们就会培养出具有创新意识和创新能力的人才。

加深体验，增强语文教学的趣味性

孙东轩

语文作为一门基础学科，有着极强的人文性。因此，语文教学不仅要丰富学生的知识、培训他们的技能，还应充分发挥其人文功能，注重学生的情感体验。让他们在体验中发现，在体验中感悟。多年以来，我在语文教学中，尝试抓住课前、课上和课后三个阶段，采用多种途径和方法调动学生的情感体验，并取得了较好的效果。其实施过程分为三段：即课前激发、课上强化、课后延伸。

一、课前预习，收集资料，初步体验

预习是学好语文的必要环节。因此，在每次学新课之前，我都要布置学生预习，包括对课文内容的了解，生字生词的解决，尤其是做好与课文内容有关资料的收集工作。学生通过对课文内容的预习，结合相关的资料，对于学习的内容有了初步的了解。在此过程中可激发学生初步的情感体验，为理解课文、深入作者的情感世界做好思想上的铺垫。在此基础上实施教学，往往事半功倍。

例如学习《长征》一诗，在课前我布置了预习，并让学生收集与长征有关的故事，“读一读”（你读懂了什么）、“想一想”（你有哪些感受）。在检查预习情况时了解到，大部分学生都找到了红军长征途中的一些感人故事如“七根火柴”、“飞夺泸定桥”、“倔强的小红军”、“草地夜行”等。在交流汇报中，学生都畅所欲言，表达自己读了这些故事后的感受。他们都能感受到红军战士们不怕困难、顽强乐观的精神。在此基础上再学习《长征》，许多问题都迎刃而解，学生理解课文内容轻松多了。

二、课上精读，理解内容，增加体验

课堂是实施素质教学的主渠道，更是学生情感体验的主要场地。在教师有效的引导下，学生的知、情将在这里得到有效的培养和提高。因此，在课堂上，教师应充分调动多方面的因素，采取多种途径方法为学生体验创造条件，以加深学生在课前的体验。在多年的教学中，我通常采用如下几种方法。

（一）读中体会，激发情感

古人云：书读百遍，其义自见。语文教学中，在课堂上应当多给学生研读的时间，在读通读顺的基础上进行读悟。即边读边思考，或带着问题读，使他们读进去，感受人物精神，事件脉络。然后再带着感受把自己的体验读出来。使他们动心，让他们动情。通常，采用引导式的问题促其思考。如在学生熟读后，可问：“你了解了哪些内容？”“你受到了什么启发？”“你印象最深的是什么？”然后从学生回答的结合文章的重点进而实施教学。这种方法尤其适合自读课文的教学。

（二）换位思考，增加体验

所谓换位思考，是指尽量站在课文中的主人公或作者的角度去思考，从而达到将心比心、触景生情的效果，进而深刻理解文章内容，领会文章的中心，加深学生的情感体验。在教学过程中，我多采用假设方式提问，引导学生换位思考。

（1）假如你是作者，你会说什么？

在教学《荔枝》一课时，课文结尾只有一句话：“而今，荔枝依旧年年红。”这样的结尾可谓是言有尽而意无穷。在学生充分理解课文内容后，我让学生思考：“假如你是作者，你会说什么？”学生联系文章内容思考后，纷纷举手，都说出了作者睹物思人，思念母亲之意。有一位学生联想到自己的经历，不由得声泪俱下，此情此景，感人肺腑。这样的过程，学生获得的体验怎会不深刻？

（2）如果你是主人公，你打算怎样做？

我们都知道，《凡卡》这篇课文，描写了俄国沙皇统治下儿童的悲惨命运。在学生理解了课文内容后，我让学生讨论："如果你是凡卡，你打算怎么办？"学生畅所欲言，说出了许多改变凡卡命运的办法。虽然有些想法很幼稚，不可能实现，但他们痛恨剥削压迫、痛恨黑暗时代之情溢于言表。在此基础上，我简介了当时的社会背景，学生由此而清楚了凡卡悲惨命运的社会根源，体验非常深刻。在对比中，他们也自然而然地感受到自己生活在新社会的美好，增强了他们对幸福生活的热爱。

（3）现在你是主人公，你能说说当时的情景吗？

《泊船瓜洲》这首诗歌，在引导学生理解诗意后，对照插图，我让学生思考：你现在就是诗人，当时的情景是怎样的？经过思考后，一个学生说出了这样的场景："诗人停船瓜洲，对月独饮。酒酣耳热之时遥望对岸，又抬头看见天空明月，不由得思乡之情陡生，于是提起笔来，全诗一挥而就。"学生自己说出来，往往印象深刻，经年不忘，此时的体验无疑是很深的。

（三）写中思考，增加体验

事实证明，凡是多写一遍的知识往往印象深刻。为了让学生养成良好的学习习惯，我让学生专门准备了一个笔记本，要求学生在听课时，除了记录老师的板书外，还要随时记下自己在学习课文时的感受，哪怕是一闪而过的思维火花，只言片语即可。并且在回答问题之前，可在本上简单写一写纲要或重点词语，以梳理思路，增强表达的条理性。然后课下互相交流自己在课上的收获，以增加体验。

（四）故事感染，增加体验

实践表明，学生对故事的兴趣极大，尤其是当老师联系课文内容讲述相关故事，往往能吸引学生注意力，加深学生印象，增加学生体验。这个方法在学生精神疲劳或溜号时最有"杀伤力"。

三、课后延伸，续仿结合，加深体验

学生在理解课文内容之后，有了较强烈的情感体验，但此时不是体验的完结，而应加以延伸，给予强化，这时我采取了续、仿结合的办法。续，即续写，为课文续篇；仿，即仿写，模仿课文去写作，使课堂教学得到有效的延续，学生的思想情感继续受到感染。

（一）续

对于故事性强的课文，学生往往印象深刻，有强烈的心理感受。文中的情景，人物的命运时时萦绕着学生的心灵，爱憎的情感令他们心潮澎湃，不能自已。对于这样的课文，我采取续写的办法，即让学生按照自己的想法为课文作“续”，使人物的命运掌握在学生的手里。实践证明，这种做法往往使学生情感得到有效宣泄。其情感在笔下得到升华。

例如，学习《凡卡》一课后，基于学生对凡卡命运的同情、鸣不平的心理状态，我布置了为课文续写的作业。学生积极性很高，都按自己理想的方式为凡卡安排命运：有的写了凡卡忍辱负重，待鞋匠破产后寻求别人的帮助而报了仇；有的写了凡卡不堪虐待而出逃，结果冻饿而死；有的写了凡卡出逃后遇到好心人搭救，从此丑小鸭变成白天鹅……无论是采取现实主义写法，还是浪漫主义写法，都是学生对课文充分理解后的再创造，都是学生情感的文字体现。因此，应给予充分的肯定与尊重。事实证明，这种方法切实可行，学生的爱心得到了培养，情感体验得到了强化、延伸。

（二）仿

爱美之心人皆有之。尤其是写景优美的文章，学生在理解课文内容时，往往为文中美丽的景色所感染，从而心情愉悦，心旷神怡。学生在受到美的熏陶的同时，创造美的冲动往往随之而激发。此时，应因势利导，培养学生创新想象，引导学生利用文中学到的描写方法去描绘周围美的事物，或说或写，将心中的美形成于笔下。

例如，学习《桂林山水》一课时，学生学习了课文写景的方法，弄清“甲”天下的原因，感触很深。我布置的课后作业是模仿课文的写法，观察周围的一处景物特点，然后写一篇作文。作业情况是这样的：有的学生分春、夏、秋、冬四季写了四丰山的风景；有的学生同样写四丰山，却是分山、水、人几方面写；还有的学生写了柳树岛……学生们受《桂林山水》一课的启发，尝试着分几个方面去描写景物，并在文中运用了对比的写法，各有特色。他们创造美的愿望得到实现，情感得到了寄托。这样，学生在理解课文中感受美，在描写景物中展示美、创造美，两者得到了有机的结合。

对老师而言，教学就是在尝试中改进，在改进中完善的过程。而学生呢，则在体验中研究，在体验中学习，情感得到了陶冶，心灵得到了净化，道德得到了提升。相应地，他们的创新思维和创新想象都得到了发展。听、说、读、写能力都得到了提高。毫无疑问，学生的收获很大。相信随着教育教学改革的深入发展，将会为学生研究、体验开拓更广阔的发展空间，将会有更多的教学方法涌现出来。呈现在我们面前的教学，将是全新的教学；教育的明天，会更加辉煌！

音乐教学中的兴趣培养

张莉青

兴趣在学生的学习过程中起着极其重要的作用。培养、激发学生的学习兴趣，是我们音乐老师在教学中必须注意的问题。

在十三年的音乐教学中，我发现两个较为普遍的现象。一是低年级学生对音乐课有着极浓厚的兴趣，而到了高年级有相当一部分学生的兴趣逐渐减弱。二是高年级的某些具有一定音乐知识和音乐天赋的学生，在上音乐课时，表现出强烈的兴趣、爱好和求知欲。而大多数学生上音乐课时比较被动，甚至不愿学习。根据我的观察和了解，在教学实践中，应根据学生的心理特点进行教学，低年级学生好奇心强、持久性差，对老师讲的知识都有新鲜感，求知欲望强，有好学的愿望。

一、利用讲故事形式进行歌曲教学、培养学习兴趣

低年级孩子的好奇心强，用生动有趣的故事讲解歌曲的内容，不仅能满足他们的好奇心，还能激起强烈的求知欲，帮助学生理解老师所讲的内容。使学生对要学习的歌曲产生高度的注意力，做好

接受知识的准备。

例如，在一年级教《粗心的小画家》这首歌时，老师讲了这样一个故事："'有一个小朋友叫丁丁，他有彩色画笔一大把，常常夸口说，自己是个小画家，什么东西都会画。结果呢？他画个螃蟹四条腿、画个鸭子尖尖嘴、画个兔子圆耳朵、画个马儿没尾巴。你们说他多可笑多粗心呀！'今天让我们一起来学习这首歌曲。"这样学生脑海里就会出现画家的形象，也就清楚地懂得要学的歌曲要反映什么情景，这样，不仅提高了学习兴趣，同时也轻松地把握了歌曲的风格和意境。如学唱"画只螃蟹四条腿、画只鸭子尖尖嘴、画只小兔圆耳朵、画只大马没尾巴"这四句时，"让我们一起看看小画家的四幅画……"这样学生在我创设的故事情景中发挥想象，并做一些很幽默滑稽的动作。在教最后一句话："咦！哈哈哈哈哈哈哈！"启发学生："我们来瞧一下丁丁的几幅画多可笑啊！大家都笑他，他自己也不好意思了。"同学们想象丁丁的表情是什么样的，这样学生充满发挥想象，演唱的效果非常好，表情各异。在欢乐、活泼的气氛中完成了教学。

可见，将音乐课内容用生动的故事装扮起来，使教学不再是把知识硬往孩子脑子里灌，对低年级教学有很大的帮助。

二、培养儿童的持久兴趣

学生的兴趣有直接兴趣和间接兴趣。直接兴趣是对某一事物、某一活动的本身的兴趣，当过程结束也就停止了，他是一种短暂的兴趣。例如，"找球"游戏要求学生根据乐曲力度强弱的提示来寻找藏球的地点。在游戏时学生兴趣非常浓厚，特别有时情绪会更加高涨。但随着游戏的结束兴趣也就随之停止，这就是直接兴趣的特点。要使学生的兴趣持久性，一定要引导学生由直接兴趣向间接兴趣发展，也就是说要对学生所要达到的目的任务产生兴趣。我就利用直接的兴趣让学生在游戏中接触各种体裁、风格不同的音乐作品和反差变化大的乐曲。有意识地指导学生理解音乐的表现手段，并且引导学生注意游戏的目的是听音和理解音乐，使学生的直接兴趣转化为间接兴趣。我根据音乐知识技能的教学要求设计了各种音乐游戏，让学生在游戏中牢记音准、节奏、力度、速度等各方面知识的技能。

例 1：我利用学生平常生活中的有兴趣的事物，创编了如“开火车”游戏：×—，××，××，××××，××××，××××××××，××××××××，等节奏游戏的形式，先放多媒体音乐火车鸣笛的声音。在启动前进，随着节奏的变化，火车的车速也在不断地加快等。在游戏中，让学生们灵活地掌握各种节奏的组合。

例 2：要求学生掌握音符及音高。我设计了“小音符找家”的游戏。游戏的形式：学生根据老师弹出的音高，准确地运用音符插在相同的小盒子里，看谁插得又快又准确，并且能唱准着音的高度。这样，学生既掌握音高又唱准了单音和音准。

例 3：课前学生听音乐进入教室，模仿小兔子、小鸭子、小熊猫等走路。教室弹奏出强弱高低、长短不同的乐曲，让学生随着乐曲速度的变化改变行走的速度（列队舞）。在活动过程中，也让学生自己创造动作，在创作过程中培养他们的兴趣。这样使学生在愉乐中轻松活动地学习了知识，培养了能力。

三、培养学生的音乐耳朵

学生对欣赏音乐是比较感兴趣的。利用学生爱听音乐的特点，通过音乐欣赏来培养学生的耳朵。在他们具备了理解音乐的能力后，便自然会对音乐产生了浓厚的兴趣。所以，上好一节音乐课也是非常重要的。欣赏教学，不仅丰富了音乐教学的内容和形式，更重要的是提高了学生的听辨、想象、理解和表达能力。欣赏时，根据不同的作品，启发学生听辨和想象出音乐形象。如《在钟表店里》，乐曲一开始“嘀嘀嗒嗒”的声响，把学生带到了钟表店里，琳琅满目的钟表店里，修表工人在清脆的钟表声中愉快工作的情景。我们让学生欣赏这些作品的目的不需要他们完全听懂，主要是让他们开阔视野、培养兴趣、培养想象力及乐感。

四、为学生创造音乐环境

我认为创造音乐环境，就是为学生创造音乐活动的环境，课间多放一些歌曲、乐曲供学生欣赏，既培养了乐感，又消除了学生的心理疲劳，可称得上是一举两得。此外，做一些集体舞，既丰富了课堂又培养了集体主义意识。

1．“开展大家来唱歌”

利用课堂教学最后的几分钟。师生开展“小小音乐会”活动。活动的形式：每个学生准备一个节目，老师也准备一个节目和他们一起唱歌、跳舞，比一比谁唱得最好，谁跳得最美。这样在学生中就产生了一种不甘落后的热情，很好地调动了学生学习的积极性。

2．开展学生课前手指操

教师收集体裁，给学生创造条件如发放音乐，让学生自己进行编排手指的动作。分小组进行表演，选出好的作品大家一起来学习。这样不但培养了他们的创造能力，同时也展示了自己的才华。

3．多年来根据学生舞蹈方面的特长，我们组建了校舞蹈队。从基本功开始训练，使他们在技巧上、素质上不断提高。我校的舞蹈曾多次获得省级、市级一二等奖。

4．音乐游戏

游戏在孩子们的生活中具有重大的意义，有些音乐知识用语言向低年级孩子很难讲得清楚，可是当孩子们置身在游戏中，便全部领会、理解了。游戏是孩子们学习音乐的源泉与向导。因此，将音乐知识贯穿于课堂教学游戏中，使音乐教学趣味性、创造性融为一体，既能培养学生音乐的兴趣，又能发展学生的创造力。例如，学习音阶中的七个音，进行音准、节奏训练时，由七个孩子各自戴上高低不同的头饰，各代表着不同的音名。当老师弹到 do 时，请一位学生唱这个音名。然后头戴 do 的学生即兴打出节奏，另请一名学生用已经准备好的卡片制成节奏卡，由戴 do 的学生领拍，强拍拍手、弱拍拍手背或拍腿，全班击拍读节奏。最后，教师弹音高全班按节奏唱 11 | 11 | 1— | 。使学生在游戏中动脑思考，达到了训练学生音准、节奏，发展学生创造力的目的。

例如，学生学会不同节奏类型和七个唱名后，做节奏接龙游戏，手持不同的节奏卡片，头戴音高不同的头饰，首先看清自己的音高和节奏。游戏开始：学生围成一个圆圈，A 同学先打出自己的节奏型，B 同学按 A 同学节奏唱 B 音高，然后 B 再打 B 节奏型，C 按 B 节奏唱 C 音高……如果唱错就被罚下场，再换另外一名同学由老师分给头饰和节奏卡，游戏继续，这样的游戏不但让学生掌握了节奏的能力而且也训练了听辨音准的能力。

在低年级音乐教材中，能运用游戏教学手段的教材比例很大。因而可以根据学生特点强化知识，教而不死、学而不厌，发挥学生的积极性、主动性和创造性。这样不仅能深化学生对知识的理解，还更好地陶冶了学生的情操，丰富了他们的学习生活。

十余年来的教学实践表明，我教的学生都很喜欢上音乐课，有些学生自己带来一些光碟请我放给他们听，还有学生会在课后问一些音乐知识。这说明他们真的喜欢上音乐课了，对音乐产生了兴趣。兴趣越浓、作用越大，没有兴趣也就使音乐丧失了教育的作用。所以说培养学生对音乐的兴趣是音乐课的关键。我体会到只有激发学生的学习兴趣，通过各种途径和方法充分地激发和调动学生的音乐积极性，才能充分发挥学生的主观能动性，才能使学生不仅在课堂上自觉学习知识，而且课外也会涉猎音乐知识，由直接的兴趣逐步转化到间接兴趣，最终形成稳定的兴趣。

美术作品的美育功能

郭　华

我是云环小学的一名美术教师，从教已十四载，多年来一直没有放弃对美术作品的欣赏与研究，下面浅谈一下美术作品的美育功能及其在教学中的运用。

美术作品的美育功能，是由美术的本质和特点决定的。因为艺术是人类劳动的产物，是人类认识世界、改造世界的产物，人类依照美的规律来造型，美术家依照美的规律来创作作品，使观者获得美感，受到教育。

人类的审美观念受时代和民族等因素的影响：古人认为美的，现代人不一定认为美；外国人认为美的，中国人不一定认为美。出现这些差异，是人类社会的自然现象。然而，人类也有共同美感，因为“艺术作品……用不着凭广博的知识就可以懂得清清楚楚，就可以使我们感到亲近，而不是一个稀奇古怪不可了解的世界”；因为作品“所选内容的普遍的灵魂和实体既很明确，它的个别形象本身也很圆满，而整个表现出来的作品有灵魂和实体满注里面”。因此，我们在欣赏古今中外的美术作品时，既可以使用外国人的审美观念去评价“崇高”或“优美”，也可以用我国古人所说的“阳刚之美”或“阴柔之美”等。总之，这些美术作品虽然意境有深浅之别、格调有高低之分，然而它们美的形质，人们都可以感知，“目之于色也，由同美焉”。

美术作品作为艺术品，由于是人类劳动的产物，在美的方面，比自然美有更高的品格，古人言“江山如画”，正是江山不如画，画由人工之剪裁，可以尽善尽美。因为艺术品比普通的实际生活更高、更强烈，更有集中性、更典型、更理想，因此就更带有普遍性。人们在观看美术作品时从美的事物中找到美，这是审美教育的任务。观众在审美中得到哪些审美教育呢？我国古人说：仁者见仁，智者见智。西方谚语讲：有一千个观众就有一千个哈姆雷特。因为个人经历不同、性格不同、文化和思想水平不一致，在欣赏同一件美术作品时，感受到的“美的教育”的程度是不同的。但是，人们还有共同的审美要求：无论是作品在构图的统一和变化原则中体现的形式感的美；还是刻画形象，充分体现其思想感情、性格特征的形象美；或者掌握某美术品种的专业功夫的技巧美……都要符合人们世界感受的审美要求：和谐而不杂乱，清爽而不单调等。例如，欣赏一幅写意画，从整体去欣赏，“气韵生动”方显其美，从局部去分析一笔一画要骨法用笔方显其美。因此，美术作品整体有其美的要求，局部又有它美的要求，处处都要求按美的规律造型，无法之中见有法，它是美的有机的高度的统一。“同自然之妙有，非力运之能成；信可谓智巧兼优，心手双畅。”一件优秀的美术作品，人们会感到它增之一笔则多，减之一笔则少。它充分体现了作者思想品格的美、文化修养的美、提炼生活能力的美、应物造型技巧的美，以及付出大量精力和时间去完成创作的劳动的美……真是集众美成一美，调动一切美的因素来塑造艺术形象，从而使观众获得美感——相看两不厌，得到美的教育，发展人们对艺术的兴趣、爱好和创造力，端正人们关于美的观念和概念，提高美的鉴赏能力和美与丑的分辨能力；达到纯洁感情，陶冶情操，增强修养，丰富精神生活，培养文明行为的目的。

古人云：教育者必先受教育。作为云环小学的骨干教师，我应提高觉悟，把美术作品的美育功能运用到教育教学中去，提高学生的审美需求。美是艺术的核心，没有美，就没有艺术。艺术就要塑造美的形象，所以要对学生进行审美教育，满足学生对美的渴求。使学生树立正确健康的审美情趣、审美标准、审美理想，让学生热爱美、发现美、保卫美、创造美，这是艺术的根本功能。要通过美术欣赏课提高孩子的审美能力，使学生有正确的审美判断。但由于种种差别，学生的审美心态、审美情趣是有差异的，通过优美的作品，使学生树立高雅的审美趣味，产生更高一级的审美追求，这就是美术作品的功能。而和其相吻合的是我们每一个人也都有审美的需要，因为世界上存在着许多的东西，需要我们去取舍，找到适合我们需要的那部分，即美的事物。有句话说得好“黑夜给了我黑色的眼睛，我却用它来寻找光明”，套用一下，“上帝为我们开启了心灵的窗户，我们用它来寻找美”。人的智慧从客观上决定了我们对美好事物的追求。动物只是本能地适应这个世界，人们则可以发现世界上存在的许多美的东西，丰富自己的物质生活和精神生活，以达到愉悦自己的目的。如著名的杰里柯的《梅杜萨之筏》，观赏者从中能感受到一种特有的心灵震撼。正是这种震撼力加深了人们对现实生活中丑恶事物的认识，而这种认识恰恰是通过“审美”过程实现的。教师需要带领学生观赏中外名画，以及各个时代的建筑、工艺美术品、现代工业产品设计，从中认识到创作者的思想情感和审美趣味，以及美术创作与时代发展的关系等。美术作品为审美对象，寓理于情、以情动人，常常可以通过“随风潜入夜，润物细无声”的潜移默化来达到教育目的。如傅抱石、关山月的国画《江山如此多娇》，可以使学生对祖国山河壮丽多姿感到自豪；欣赏罗中立的油画《父亲》，启发学生铭记父母的养育之恩，珍惜今天的美好生活。由于美术本身就是对现实生活的全面的、能动的反映，所以所有美术作品都能使人获得程度不同的从感性到理性的认识，从而有助于学生智能的形成、发展以及情感、意志的培养。正处于身心健康成长过程中的学生们，也正向已知和未知的世界探索认知，以丰富自己的社会和人生知识。优美的线条、可爱的图、精巧的外形，一组合就是一个美的精灵。在断臂维纳斯脚下，我们捕捉到她的明眸里爱的深远，对失去也是一种美的哲理的感悟。

鲁迅曾指出："美术可以辅翼道德。美术之目的，虽与道德不尽符，然其力足以渊邃人之性情。"蔡元培大力提倡"以美育代宗教"，也是因为"美育"有使教育进步之故。美术作品的美育不同于理论的说服，而主要在于通过形象的感染与激发效能，启发观者的意识与情感活动，从而达到提高思想、品德和情操的目的。美术是视觉的艺术，其造型艺术作品多数是人类美好情感与自然美、社会生活美的再现。而我们的美术教育正是通过充满情感的艺术形象，从感情上打动学生，使之感之以形，动之以情，然后晓之以理，达到提高学生审美能力的目的。这种潜移默化的教育作用也正是我们今天面向全体学生素质全面发展的需要。我们要学会生存、学会发展、学会学习、学会做人，成为未来社会的新型人才。在美术作品的欣赏中使孩子学会了成长的道理，在教师的正确诱导和帮助下完成创作中实现自主合作探究的实践，使学生们的审美趣味向着健康的方向发展。

孩子们在美术作品的情境中感受快乐，在创作中体会快乐，孩子们和快乐天生有缘。孩子们在快乐中成长，没有快乐就没有创作的活力，野外的景物写生，室内的装潢设计，时装秀上的张扬个性，小小贺卡上的温馨祝福，一张张漫画，一笔笔书法，一塑塑泥雕，都是孩子们在美术舞台上的快乐写实，驻足田野，在无限风光中稍时休憩；挥笔运毫，在行云流水中静养身心；七彩的旋律，点线面的组合，立体的造型使这些美术特有的符号给学生带来了快乐，我们在美术作品的欣赏和创造中，获得激动和愉悦的感觉，使精神得到满足和愉悦。可以说是师生调节精神、减少疲劳、身心健康的法宝，更是我们心灵最温馨、最愉悦、最滋养的家园！

参考文献

[1] 李希贵．学生第二．上海：华东师范大学出版社，2006.

[2] 程红兵．做一个书生校长．上海：华东师范大学出版社，2005.

[3] 谢利民．学校发展规划的制定、实施与评价．教育领导与培训，2008（2）．

[4] 刘臣．新时期中小学校长的使命与责任．教育领导与培训，2008（2）．

[5] 赵洁慧．校长：学校文化建设与发展的引领者和实践者．教育领导与培训，2008（2）．